VOIAGES
HISTORIQUES
DE
L'EUROPE.

CONTENANT

L'ORIGINE, LA RELIGION, les Mœurs, les Coûtumes & les Forces de tous les Peuples qui l'habitent, & une Relation exacte de tout ce que chaque Païs renfer- me de plus digne de la cu- riofité d'un Voiageur,

à ij

VOIAGES HISTORIQUES DE L'EUROPE,

TOME V.

Qui comprend tout ce qu'il y a de plus curieux en Hollande & dans le reste des Provinces-Unies.

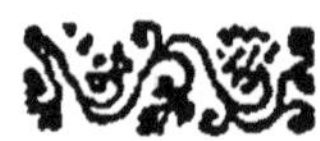

A PARIS,

Chez NICOLAS LE GRAS, dans la grand' Salle du Palais, au troisiéme pilier, à l'L couronnée.

M. DC. XCV.

AVEC PRIVILEGE DU ROY.

AVIS

AU

LECTEUR.

JE n'ai pas des-
sein de grossir
ce Volume par une
Preface, puisque cel-
les des quatre qui
l'ont precedé, ont

ã iiij

donné une idée suffi-
sante du dessein de
l'Ouvrage, & des rai-
sons qui m'avoient
porté à l'entrepren-
dre. Je dois seulement
informer le Lecteur,
que le sixiéme Volu-
me paroîtra dans peu
de tems ; qu'on a fait
de nouvelles Editions
des premier & second,
qui contiennent les
Voiages de France,
d'Espagne & de Por-
tugal, où l'on a cor-

rigé plusieurs fautes qui s'étoient glissées dans les premieres impressions : Que quoique j'eusse promis de joindre les Pais-Bas Espagnols dans ce cinquiéme Volume, je n'ai pourtant pas tenu ma parole, tant à cause que le Volume auroit été trop gros, que parce que ces Provinces jointes à celles du Pais-Con-

quis, fourniront af-
fez de matiere pour
en compofer un au-
tre.

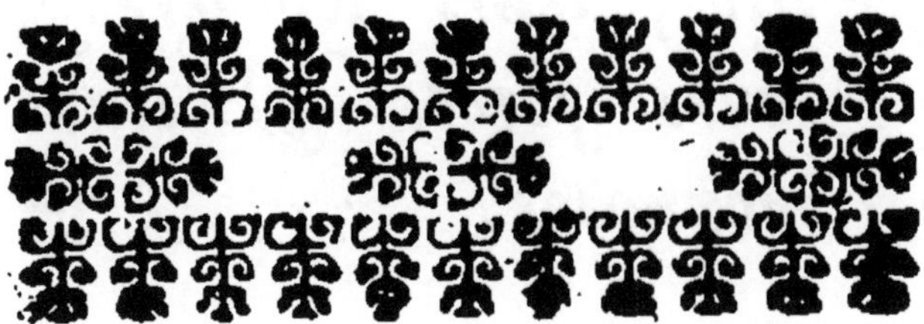

TABLE

DES CHAPITRES

contenus dans ce Volume.

Fin de la Table.

trefaits, & de tous dépens, dom-
mages & interêts, ainsi qu'il est
porté plus au long par ledit Privilege.

*Registré sur le Livre de la Com-
munauté des Libraires & Impri-
meurs de Paris, le 12. Aoust 1692.
Signé, P. Aubouyn, Syndic.*

Ledit Sieur JORDAN a cedé
son droit de Privilege à NICOLAS
LE GRAS Marchand Libraire, pour
en jouïr suivant l'accord fait en-
tre-eux.

Achevé d'imprimer ce Volume
pour la premiere fois, le 8. Juillet
1695.

Les Exemplaires ont été fournis.

LES XVII. PROVINCES DES PAIS BAS Divisées
en Provinces Unies connues sous le nom de Hollande aux Hollandois.
Hollande. Zeelande. Utrecht. Gueldres Hollandse. Overissel. Frise, et Groningue, et Partie de la Flandre, du Brabant et du Limbourg.
en Pais Bas Catholiq. Connues sous le nom de Flandre. au Roy d'Espagne.
Flandre, en Partie. Brabant, en Partie. Gueldres, Espagnole. Anvers, ou Marquisat du St Empire. Malines. Limbourg, en Partie et Petite Partie du Hainaut.
et en Pais Bas François Connues sous le nom de Pais Conquis. au Roy.
Flandre, en Partie. Hainaut. Artois. Namur. Luxembourg.
Eschelle de 25 Lieues Commun de France.
Par N. de Fer Geographe de Monseigneur le Dauphin.
Avec Privilege du Roy. 1695.
OCEAN sous le nom de MER D'ALLEMAGNE, ou du NORD.
PARTIE D'ANGLETERRE.
Yarmouth
Douvre
ZEELANDE.
Middelbourg
Vlissingue
COM: DE FLANDRE
COMTÉ DE FLANDRE
GAND
COMTÉ D'ARTOIS
HAINAUT
NAMUR
LIEGE
BRABANT
DUCHÉ DE LIMBOURG
LUXEMBOURG
Bruxelles
Anvers
Malines
Louvain
Mons
Dinant
Boulonois
Boulogne
Calais
Pas de Calais
Dunquerque
Gravelines
Ostende
Nieuport
Bruges
Ypres
Amiens
Ponthieu
Abbeville
PICARDIE
ILE DE FRANCE
FRANCE
CHAMPAGNE
LORAINE
PARIS
Rheims
Chaalons
Epernay
Verdun
Metz
Toul
Nancy
Trier
Zuyder Zee, ou Mer du Zud
PRISE
Isle du Texel
Amsterdam
Harlem
Leyden
La Haye
Delf
Rotterdam
Dordrecht
Utrecht
Veluwe
Beluwe
Arnhem
Nimegue
Cleves
D'OVERISSEL
Deventer
Zutphen
Zutphen
DE GROENINGEN
Embden
Aurich
ALLEMAGNE
Cologne
Juliers
Dusseldorp
Ruremonde

VOIAGES
HISTORIQUES
DE
L'EUROPE.

PROVINCES-VNIES.

CHAPITRE PREMIER.

Des Provinces-Vnies en general.

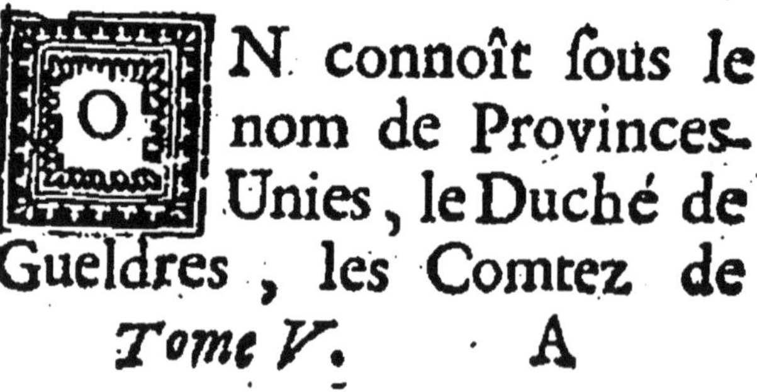

ON connoît sous le nom de Provinces-Unies, le Duché de Gueldres, les Comtez de

Hollande, Zelande & Zut-
phen, les Seigneuries d'U-
trecht, Frise, Overiſſel &
Groningue, qui étoient autrefois du nombre des XVII.
Provinces des Païs-Bas, qui
obéïſſoient au Roi d'Eſpagne.
Il eſt à remarquer que le Duché de Gueldre & le Comté
de Zutphen ne compoſent
qu'un chef à l'Aſſemblée des
Etats Generaux.

Toutes ces Provinces ont
eu long-tems leurs Seigneurs
particuliers : la plûpart furent
unies ſous la Maiſon de Bourgogne ; mais Marie fille de
Charles le Hardi, les porta
à la Maiſon d'Autriche, lors
qu'elle épouſa Maximilien.
Philippe leur fils, qui épouſa
Jeanne, fille de Ferdinand
d'Aragon & d'Iſabelle de Ca-

ſtille, les joignit à la Monar-
chie d'Eſpagne, qui en joüit
aſſez tranquillement juſques
au regne de Philippe ſecond,
qui ſe trouvant un Prince ſe-
vere, & naturellement ennemi des privileges de ſes Sujets,
renverſa ceux de ces Provinces.

La Ducheſſe de Parme qui
en avoit le gouvernement,
& le Cardinal des Granvelle
l'adminiſtration des affaires
publiques, entreprirent d'y
établir le Tribunal de l'Inqui-
ſition, & d'y ériger de nouveaux Evêchez. Et comme la
Nobleſſe crût que ces nouveautez tendoient à diminuer
leur autorité & leurs privileges, trois cent des plus con-
ſiderables Gentilhommes re-
ſolurent de s'adreſſer à la

Gouvernante , pour la sup-
plier d'examiner le prejudice
que la Noblesse & le Peuple
souffriroient de l'établissement de ces nouveautez , afin
d'en informer la Cour d'Espagne.

Henri de Brederode, des-
cendu des anciens Comtes de
Hollande, fut le porteur de
la Requeste qu'il presenta à
la Duchesse le cinq Avril mil
cinq cent soixante-six. Cette
Dame fut d'abord surprise de
voir tant de Gentilhommes
assemblez : Mais Charles,
Comte de Barlemont son fa-
vori , pour la rassûrer, lui
dit ; *Que ce n'estoit que des
gueux.* Et comme leur Re-
queste n'eut nul effet, le lendemain les confederez étant
à table , & parlant de don-

ner un nom à leur Confede-
ration, ils s'écrierent tous,
Vive les Gueux : Et Brederode sur la fin du repas, s'étant
mis une beface au col, il prit
une écuelle de bois pleine de
vin, il but à la compagnie,
& protefta qu'il étoit prés de
perdre fes biens & fa vie pour
la deffenfe de la liberté publique. A peine eut-il goûté
du vin, qu'il donna l'écuelle
& la beface au plus proche,
& de main en main la fanté
& la proteftation fit la ronde, avec des acclamations
réïterées de *Vive les Gueux* ;
& ce fut là l'origine du nom
de *Gueux*, qui a fait tant de
bruit en Europe.

Les Confederez s'habille-
rent tous de bure grife, &
pendirent de petites écuelles

de bois à leur ceinture ; por-
tant au col une medaille
qu'ils firent frapper, où l'on
voïoit d'un côté la tête de
Philippe Second, avec ces
mots, *En tout fideles au Roi.*
Deux mains jointes tenant
une beface, faifoient le revers, avec cette devife, *juf-*
ques à porter la beface. Cependant Brederode, pour
faire voir que les Gueux dont
il étoit le chef, étoient des
Gueux illuftres, fit faire une
bouteille & une écuelle d'or
qu'il porta tres-long-tems
attachées à fa ceinture. On
voit encore la bouteille &
l'écuelle dans le cabinet de
Monfieur de Brederode à
Utrecht.

Dans ce tems-là le Calvi-
nifme fe gliffa dans la Flan-

dres ; ce qui avança beaucoup
les affaires des Confederez,
qui firent valoir le pretexte
de Religion , qui a été le
motif de presque toutes les
guerres qu'on a vûës en Europe depuis deux siecles..
Comme le Roi d'Espagne
crut que ces troubles s'ap-
paiseroient, s'il ôtoit le Gouvernement des mains d'une
femme, il le donna à Ferdinand de Tolede, Duc d'Al-
Be. Ce Duc étoit à la verité
grand Capitaine ; mais superb-
be, avare & cruel au dernier
point. Parmi un nombre in-
fini de gens qu'il fit perir par
le glaive , le Comte d'Eg-
mont & le Comte de Hor-
ne furent du nombre ; & la
mort de ces Seigneurs irrita
tellement les Peuples , que

cela joint aux subsides extraordinaires qu'on imposa
sur eux, obligea la plûpart
de se soustraire de l'obéïssance d'Espagne, & de se
donner un chef, qui fut
Guillaume de Nassau Prince
d'Orange, qui s'étoit déja
retiré en Allemagne, crainte
d'être sacrifié à la colere de
Philippe Second, & à la
cruauté du Duc d'Albe.

Quantité de Religionaires
se joignirent à ce Prince, lui
faciliterent le moïen d'assembler une Armée assez
considerable, & de se declarer ennemi des Espagnols ;
& de cette maniere la guerre civile s'alluma dans les
Païs-Bas, qui dura quatre-
vingt-deux ans, je veux dire
jusques en mil six cent qua-

rante-huit, que par le Traité de Paix qui fut signé à Munſter, le Roi d'Eſpagne reconnut la Republique de Hollande pour un Etat libre & indépendant de ſa Couronne.

Je n'ai pas deſſein de marquer ici tout ce qui eſt arrivé pendant cette longue guerre ; car outre que cela m'éloigneroit de mon ſujet, Strada & pluſieurs autres fameux Auteurs, ont déja traité cette matiere à fonds.

Les Armes des Etats Generaux des Provinces-Unies, ſont un Lion, qui d'une griffe tient une épée , & de l'autre , un faiſſeau de ſept fleches, faiſant alluſion aux ſept Provinces qui s'unirent à Utrecht pour les libertez

& pour la Religion, le treize
Janvier mil cinq cent soixante-dix-neuf ; mais le Prince
d'Orange ne la signa qu'au
mois de Mai suivant, avec
cette restriction , que cela
ne diminuëroit en rien le
pouvoir & l'autorité de l'Archiduc Mathias. Voici les
articles de cette union.

I. Que les sept Provinces
s'unissent ensemble, de même que si elles n'en faisoient
qu'une ; de telle sorte qu'elles ne peuvent être divisées,
ni par Testament, ni par Do-
nation, ni par échange, ni
par vente, ni par aucun autre accord ou Contract que
ce puisse être.

II. Qu'on laisse à chaque
Province & à chaque Ville

en particulier, tous les privileges & tous les droits, toutes les Coûtumes & tous les
Statuts dont elles jouïſſoient
auparavant; & que lorſqu'il
arrivera quelque different
entre quelqu'une de ces Provinces, les autres ne s'en-
mêleront point, à moins que
ce ne ſoit pour les porter à
un accord à l'amiable.

III. Qu'elles s'obligent de
s'aſſiſter les unes les autres,
d'emploïer leurs vies & leurs
biens contre toute ſorte d'ennemis, & contre toutes les
attaques & tous les aſſauts
qu'on pourroit donner à
quelqu'une de ces Provin-
ces, ſoit que ce fût ſous pretexte de quelque Majeſté
Roiale, de rétablir la Religion Catholique, ou de quel-

que autre pretexte que ce
ſoit.

IV. Que les Villes fron-
tieres de l'union qui ſe trou-
veront en mauvais état, ſeront fortifiées & rebâties aux
dépens des Provinces dans
leſquelles elles ſeront bâties,
mais qu'on fortifiera les nouvelles Villes aux dépens de
la Generalité.

V. Que de trois en trois
mois on paſſeroit un Bail à
ferme de tous les impôts à
lever dans les Provinces, à
ceux qui en feront la condition meilleure ; & que pour
ce qui étoit des droits qu'on
païoit à la Majeſté Roïale,
ils feroient emploïez pour la
deffenſe publique.

VI. Que dans un mois on
écriroit le nom de tous les

Habitans du Païs , depuis
l'âge de dix-huit jusques à
soixante ans.

VII. Qu'on ne feroit ja-
mais de Paix ni de guerre,
que du consentement de toutes les Provinces.

VIII. Que les unes , ni
les autres ne prendroient aucunes resolutions qu'à la pluralité des voix, & que ce seroient les Gouverneurs qui
termineroient les differens
qui arriveroient sur cela entre les Provinces.

IX. Qu'on recevroit dans
l'union tous les Princes, Seigneurs, Terres & Villes qui
voudroient y entrer, du consentement pourtant des Provinces.

X. Qu'à l'égard de la Re-
ligion, ceux de Hollande &

de Zelande en agiroient comme bon leur fembleroit : Que toutes les autres Provinces fe regleroient fur ce qu'en ordonneroit l'Archiduc Mathias, ou comme elles le jugeroient à propos, pour la confervation de leurs Provinces en particulier, pourvû que tout le monde eût une grande liberté dans fa Religion telle qu'elle fût ; & pourvû qu'on n'examinât pas & qu'on ne tourmentât perfonne pour ce fujet, felon que portoit la pacification de Gand.

XI. Qu'en cas qu'il y eût quelque different entre les Provinces, fi cela n'en regardoit qu'une en particulier, ce feroit les autres qui l'accommoderoient : Que fi

la chose les regardoit toutes
en general, les Gouverneurs
y mettroient ordre ; & que
dans ces deux occasions,
on prononceroit la Senten-
ce dans un mois au plûtard,
& cela sans aucun appel.

XII. Qu'on tiendroit les
Etats, comme on faisoit auparavant ; & que pour les
Monnoïes, les Provinces en
conviendroient ensemble.

XIII. Qu'il n'y auroit
que les Etats qui auroient
droit d'interpreter ces Articles; mais qu'en cas qu'il s'y
élevât quelque dispute, ce
seroit les Gouverneurs.

XIV. Qu'ils s'obligeoient
eux-mêmes de se saisir & de
mettre en prison, tous ceux
qui feroient, en quelque maniere que ce fût, quelque

chose de contraire à ces Articles; & qu'il n'y auroit ni privilege ni exemption qui pût les en garantir.

Cette union fut ratifiée en mil cinq cent quatre-vingt-trois : Et on y ajoûta, qu'il n'y auroit que la Religion Pretendue Reformée qui eût libre exercice dans tout le Païs soûmis à la Republique. Voila les commencemens de l'établissement de cette fameuse Republique, dont la force & la politique est connuë dans le vieux & nouveau monde.

CHAP.

CHAPITRE II.

De la situation des Pro-
vinces-Unies, de leur
étenduë, leur division,
leur qualité, leurs Ri-
vieres, leurs forces &
leurs Monnoïes.

CES Provinces sont bor-
nées à l'Orient par
l'Evêché de Munster, des
Provinces Catholiques au
Midi, & de la Mer Oceane
à l'Occident & au Septen-
trion. Cet Etat est de fort
petite étenduë, puisqu'il n'a
qu'environ cinquante lieuës
du Midi au Septentrion, &

Bornée.

Etenduë

PROV. UNIES.

trente-cinq d'Orient en Occident ; & cependant dans sa petite étenduë, il contient plus de peuple que les Roïaumes d'Espagne & de Portugal.

Division

J'ai déja dit qu'on divisoit cet Etat en huit Provinces sous sept Chefs ; le Duché de Gueldres & le Comté de Zutphen n'en faisant qu'un : Les autres sont les Comtez de Hollande & de Zelande, les Seigneuries d'Utrecht, Frise, Overissel & Groningue.

Fertilité.

La terre, pour la plûpart, principalement dans les Provinces de Hollande & de Zelande, est marécageuse : Ce ne sont que prairies, où une infinité de vache à lait paissent nuit & jour, depuis

le mois de Mars juſques en
Octobre, que les eaux ve-
nant à groſſir par la force
des vents & des pluïes con-
tinuelles, elles couvrent toutes la campagne ; car comme tout le Païs eſt une plaine perpetuelle, entrecoupée
d'une infinité de canaux,
tous les Villages paroiſſent
nager dans la Mer en ce
tems-là. Au mois de Fevrier,
lors que les gelées ſont finies,
on écoule toutes ces eaux
avec des moulins à vent ; &
la campagne paroît plus belle que jamais, cette inondation n'aïant ſervi qu'à en-
graiſſer la terre, & faire
mourir la vermine.

Dans quelques endroits,
principalement au Nort de
la Hollande, la terre trem-

ble fous vos pieds, en telle maniere qu'une perfonne qui marchera à dix pas de vous, fera mouver la terre qui fera fous vos pieds. Il feroit impoffible de voïager dans ce Païs-là, fi l'induftrie des Habitans n'y avoit par tout élevé des chauffées où les chevaux & les chariots marchent en fûreté.

Les Provinces qui font frontieres de l'Evêché de Munfter, ne font pas fi marécageufes: auffi y feme-t-on un peu de bled; mais la quantité qu'on y en recueille eft fi petite, à proportion de celle des Habitans, qu'on dit communement que tout le grain que produifent les Provinces-Unies, ne fuffiroit pas pour nourrir les fervan-

tes. Cependant la Hollande
passe à juste titre pour le
Grenier le mieux fourni de
l'Europe, aussi n'y mange-t-
on ordinairement que le bled
de six ans ; car toutes les années on remplit les Magasins
du bled qu'on tire de Pologne
& de Moscovie ; & si le Nort
leur manque, ils en vont querir en Sicile ou en Barbarie.

Les fourages y sont meil-
leurs qu'ailleurs ; aussi les
bœufs & les chevaux y sont
plus grands & plus forts. Le Air.
froid y régne plus que le
chaud. Ce n'est pas qu'il n'y
ait des jours d'Eté où les
chaleurs y sont plus insup-
portables qu'en France, mais
elles ne sont pas de durée.
Le Païs n'est pas sain pour
les Etrangers, quoique les

PROV.
UNIES.

gens du Païs y vivent assez long-tems ; mais les uns & les autres se garantissent difficilement d'une maladie qu'on appelle le *Scorbut*, qui pourrit les dents , & cause souvent d'autres maux incurables.

Rivieres

Ce Païs est arrosé des Fleuves du Rhin , de la Meuse, de l'Issel & de quelques autres Rivieres moins considerables. Le Rhin forme plusieurs branches qui sont autant de grosses Rivieres : Le moins considerable conserve le nom de Rhin , & va se perdre dans les sables proche de la Mer, au dessous de Leïden ; les autres qu'on nomme Wahal & Leeck, se jettent dans la Meuse.

Forces.

Autrefois l'on consideroit

Les forces d'un Etat, par le PROV
nombre de ses Habitans, UNIES.
parce que les disputes qui
s'élevoient entre les voisins,
se décidoient par une ou
deux Batailles qui se donnoient entre ceux qui é-
toient offencez, sans y mê-
ler les Armes des Etrangers,
comme l'on fait aujourd'hui.
Les Corps d'Armée étoient
composez comme ils le sont
encore en Pologne, où la
Noblesse est obligée d'accompagner le Roi dans les
Guerres qu'il entreprend,
avec un certain nombre
d'hommes, selon la gran-
deur & l'étenduë des Sei-
gneuries & des terres qu'ils
tiennent de la Couronne.

On ne considere pourtant
pas les forces de la Repu-

blique de Hollande , par
rapport au nombre de ſes
Habitans , mais par rapport
à ſa ſituation & à ſes richeſ-
ſes. En effet ſes Armées ſont
preſque toutes compoſées de
troupes Etrangeres , qu'elle
tient à ſa ſolde ; reſervant
ſes Peuples pour le commerce, qui enrichit leur Païs , &
leur donne le moïen d'ache-
ter des hommes chez ceux
qui n'ont pas l'induſtrie ou
l'inclination du commerce.

Il n'y a point d'Etat d'une
ſi petite étenduë, qui ait un
ſi grand nombre de forte-
reſſes, & qui paroiſſe mieux
deffendu par la nature, la
plûpart ſe trouvant encein-
tes de la Mer, des Rivieres
ou des grands canaux qu'elles forment par tout ; & la
campagne

campagne se trouvant impraticable pour une Armée, au moins dans les Provinces de Hollande & de Zelande, où par le moïen des écluses on peut noïer tout le Païs.

Les Etats Generaux des Provinces-Unies, entretiennent en tems de paix, environ trente mille hommes sur pied, & trente à quarante Vaisseaux de guerre qui servent de convoi aux Vaisseaux Marchands qui vont dans la Mediterranée, afin de les garantir des insultes des Corsaires de Barbarie : Mais lorsqu'ils ont guerre avec quelqu'un de leurs voisins, ils augmentent leurs forces à mesure de celles de leur ennemi.

Le revenu ordinaire de

l'Etat, en tems de Paix, va à vingt-sept millions de livres, qu'on leve sur les droits d'entrée & de sortie de toutes les Marchandises qui passent par la Hollande, pour être transportées dans tous les Païs de l'Europe; ou des impôts qu'on met sur les bestiaux, sur les maisons & sur les fonds de terre : Mais ce revenu s'augmente de beaucoup en tems de Guerre, par de nouveaux impôts & de nouvelles taxes; la Hollande étant le Païs où l'on pratique le mieux ces levées de deniers, & où les Intendans des Finances de la plûpart des Princes de l'Europe, ont puisé cette science.

Il n'y a pas d'Etat où l'on voïe tant de différentes for-

tes de Monnoïes qu'en Hol-
lande : On y voit des Ducats
d'or, des Ducatons d'or, des
Ducatons & demi Duca-
tons d'argent, des Rifdalles,
demi & quarts, des Florins,
des Schelings, Pieces de
quatre fols, deux fols, un
fol, Dutes & Penings. Il faut
feize Penings pour un fol ;
le Dute vaut deux Penings ;
fix fols font le Scheling, le
Florin vaut vingt fols, la Rif-
dalle cinquante, le Ducaton
d'argent foixante-trois, le
Ducaton d'or quinze Florins
quinze fols, le Ducat cinq
Florins cinq fols, &c. Les
Monnoïes d'Allemagne ont
cours en Hollande pour leur
jufte valeur, de même que
celles d'Angleterre & de
France. Par exemple, le

Louis d'or trebuchant, vaut neuf Florins ou cent quatrevingt sols, & l'Ecu cinquante sols.

Ces Monnoïes augmentent ou diminuent selon l'occurrence des tems ; & il y a deux ans que Messieurs les Etats Generaux diminuerent leurs Schelins d'un douziéme, dans le tems qu'en France on augmentoit les Monnoïes du Roïaume. Il est bon de remarquer, que les Marchands se servent dans leurs comptes du terme de *Pont-Groot* ou Livre de gros, qui vaut six Florins : De maniere que pour signifier six cent Florins, ils disent cent livres de gros.

※ ※ ※ ※ ※ ※

CHAPITRE III.

Du Gouvernement.

LE Gouvernement des Provinces - Unies est Démocratique, mêlé d'Aristocratique : car les Membres des Etats Generaux sont composez de la Noblesse ; mais la plus grande partie sont tirez d'entre le Peuple.

Ces Provinces furent gouvernées par les Comtes de Hollande, qui en étoient Souverains depuis Thierri I. Duc d'Aquitaine, à qui Charles-le-Chauve la donna en huit cent soixante-trois de Jesus-Christ, jusqu'au

commencement du quinzié-
me fiecle , que Charles -
Quint, qui en avoit joui fort
tranquillement, les laiſſa a-
vec l'Empire à Philippe Second ſon fils. Comme celui-
là étoit né dans les Païs-Bas,
& qu'il étoit naturellement
doux & genereux , obligea
facilement ce Peuple à ſouf-
frir qu'il fiſt venir des Troupes Etrangeres dans leur
Païs, pour faire la guerre à
la France & à ſes voiſins,
quoique ce fût contre la
coûtume, & qu'ils ne l'euſ-
ſent jamais permis aux Princes qui l'avoient precedé :
ce qui prouve aſſez qu'ils
ont toûjours eu un eſprit de
liberté.

Philippe Second qui en
prit poſſeſſion en mil cinq

cent cinquante-six, étant né
Espagnol, herita des Etats de
son pere ; mais non pas de
sa douceur & de sa genero-
sité. Il abandonna les Païs-
Bas à un Gouverneur ; éloi-
gna de la Cour & des principales Charges, tous les Flamans que Charles V. y avoit
placez en reconnoissance de
leurs merites ou de leurs fer-
vices. Le peu de confiance
qu'il fit paroistre pour ses
Sujets Flamans ; & le refus
qu'il fit de rappeller les troupes Etrangeres qu'il y entre-
tenoit dans une profonde
paix, lui aliena entierement
l'esprit de ce Peuple, & le
porta à se soustraire de son
obéïssance, de la maniere
dont j'ai parlé ci-dessus.

La Souveraineté de cette

Republique reside dans les Etats Generaux, qui est une Assemblée des Députez des sept Provinces qui s'unirent à Utrecht en mil cinq cent soixante-dix-neuf. La Province de Gueldres avec Zutphen, a la premiere voix, à cause qu'elle fut la premiere qui proposa l'union. Voici l'ordre des autres, Hollande, Zelande, Utrecht, Frise, Overissel & Groningue, avec les Ommelandes. Chaque Province preside sa semaine, & peut envoïer à l'Assemblée tel nombre de Députez que bon lui semble; mais ils n'ont neanmoins qu'une voix chacune. Ils envoïe aussi des Députez au Conseil d'Etat & à la Chambre des Comptes.

Le Conseil d'Etat execute les resolutions qu'on prend dans l'Assemblée des Etats Generaux ; & la Chambre des Comptes regle tout ce qui regarde les Finances. Il y a encore d'autres Tribunaux, comme sont le Conseil de l'Amirauté, qui connoît de toutes les affaires de la Marine : Celui-ci est divisé en cinq Chambres qui sont établies à Amsterdam, Rotterdam, Hoorn, Middelbourg & Harlingue. Le Conseil de Brabant connoît des affaires qui regardent les Places que les Hollandois possedent dans la Province de Brabant ; & celui de Flandres établi à Middelbourg, regle celles de l'Ecluse & des autres lieux que

Messieurs les Etats ont dans cette Province.

Il est bon de remarquer que les Provinces ne députent jamais, aux Etats Generaux, aucune personne qui ait été emploïée à la Guerre ; & les Gouverneurs des Provinces n'y ont même point de Seance, (mais bien dans le Conseil d'Etat.) On y conclud à la pluralité des voix, toutes les affaires de mediocre importance : Mais lors qu'il s'agit de la Guerre, de la Paix, levée de deniers, battre Monnoïe ou de juger quelque differend concernant les Privileges de quelque Membre de l'Union, il faut pour lors que toutes les voix soient unanimes, c'est-à-dire, que chaque Province y donne son

consentement : & les Etats
des Provinces ne peuvent
donner leurs suffrages, qu'a-
prés que chaque Ville de
leur dépendance a (par ses
Députez) fait sçavoir ses
sentimens à l'Assemblée ; &
le suffrage de la moindre
des Villes , est absolument
necessaire pour faire réüssir
la chose proposée

Toutes les Provinces se
gouvernent à peu prés de
la même maniere ; quoiqu'il
leur soit libre de faire tel
changement à leur Gouver-
nement que bon leur sem-
ble, pourvû qu'il ne tende
pas à diminuer l'autorité des
Etats Generaux, ni les Privileges d'aucun Membre de
l'Union. Je parlerai dans le
Chapitre V. du Gouverne-

ment de la Province de Hollande, qui seul servira à donner une connoissance par-
faite de celui des autres Provinces : Et en parlant de
la Ville d'Amsterdam, je dirai de la maniere dont est
composé le Senat de chaque
Ville.

CHAPITRE IV.

Du Prince d'Orange & de son autorité.

LA Maison de Naſſau eſt une des plus illuſtres d'Allemagne : On a vû de grands Princes, de grands Capitaines, & même des Empereurs dans cette Famille. Sa Genealogie m'éloigneroit trop de mon ſujet. J'ai fait voir dans le Tome I. de mes Voiages, page trenteneuf, de quelle maniere la Principauté d'Orange avoit été portée dans la Maiſon de Naſſau, par Claude de Châlons, qui avoit épouſé

Henri de Nassau.

René, fils de ce Henri, étant mort sans enfans, declara heritier par son Testament du vingt Juin mil cinq cent quarante quatre, Guillaume de Nassau son cousin germain, qui fut nommé Guillaume, Prince d'Orange. C'est à ce Prince, que la Republique de Hollande doit sa gloire & son établissement. Les Espagnols firent une tres-fâcheuse experience de sa valeur & de sa politique; aussi n'épargnerent-ils rien pour se défaire de lui. Il reçut un coup de pistolet le dix-huit Mars mil cinq cent quatre-vingt-deux, par un certain Jaureguï; & par les Lettres qu'on trouva sur lui, on reconnut que la

Cour d'Espagne avoit fait agir cet assassin.

Le Prince guerit de cette blessure ; mais il n'échapa pas à la barbarie de ses ennemis : car le dix Juillet mil cinq cent quatre-vingt-quatre, un nommé Baltazar Gerard de Franche-Comté, en le saluant, l'assassina d'un coup de pistolet dans sa maison à Delft, dont il mourut.

Les Etats Generaux donnerent à Maurice, son second fils, qui n'avoit qu'environ dix-sept ans, ses Charges de Grand Amiral & de Gouverneur des Provinces de Hollande, Zelande, U-trecht, &c. parce que Philippe Guillaume son aîné, étoit pour lors prisonnier en Espagne.

La Republique fit ériger un Tombeau magnifique dans la grande Eglise de Delft, où l'on mit le Corps du Prince Guillaume. Le Tombeau à vingt pieds de long & quinze de large. Les trois premiers degrez font de pierre de touche, à deux pieds de hauteur chacun. Au-dessus, il y a une Tombe de pierre de touche, qui a huit pieds & dix pouces de longueur, sur trois & sept pouces de largeur, & deux pieds trois pouces & demi de hauteur : au-dessus de laquelle est la Figure du Prince en marbre blanc, de sa hauteur naturelle. Tout cela est orné de ving-deux colomnes de marbre noir, de six pieds & qua-

tre

tré pouces de hauteur & de
neuf pouces d'épaiſſeur en
diametre. Il y a quatre femmes de bronze aux quatre
coins, qui repreſentent la
Juſtice, la Liberté, la Force
& la Religion. Au devant
de la Tombe, ſur le cinquiéme degré, on voit le Prince en bronze aſſis ſur une
chaiſe, aïant une Renomée
derriere lui. A ſes pieds on
voit un chien couché, qui
dés que le Prince ſon maître fut mort, ne voulut point
abandonner ſon corps, & ne
voulut jamais ni manger ni
boire. On voit au-deſſus des
colomnes ſept arcs de marbre blanc, & ſept autres de
cuivre, avec l'Epitaphe que
deux enfans montrent avec

le doigt : En voici la traduction.

*A Dieu tres - bon, tres - haut
& tres puissant.*
ET
*A la memoire éternelle de
Guillaume de Nassau, Sou-
verain Prince d'Orange, pere
de la Patrie.*
Qui prefera à sa propre fortune, celle de la Hollande &
des siens ; leva & licentia
deux fois de très - grosses Armées. Sous les auspices des
Etats, secoua le joug de la ti-
ranie d'Espagne ; rétablit le
culte de la Religion, & les
anciennes Loix de la Patrie :
Et enfin laissa le soin d'ache-
ver le rétablissement de cette
Liberté, au Prince Maurice
son fils, qui herita de tou-

Ce meurte n'éteignit pas
la Guerre dans les Païs-Bas;
au contraire, le Peuple mé-
lant la vangeance à la haine
qu'ils portoient aux Espagnols, ne chercherent qu'à
faire de nouvelles ligues
pour mieux resister à la puissance de Philippe Second,
ainsi qu'on peut le voir dans
les vers qu'un Poëte de nôtre siecle à depuis peu mis
au jour.

Hollandois, Peuples va-
leureux,
Qui conservez les os de vôtre
auguste Prince.
Toi forte & puissante Pra-
vince,
Qui peux forcer Neptune à

répondre à tes vœux;
Et vous, Frisons, race a-
guerrie,
Et dans le champ de Mars
nourrie,
Prevenez les affreux dan-
gers
Où vous exposeroient de trop
superbes maîtres;
Ne degenerez point du sang
de vos ancêtres,
Liguez-vous & rompez vos
fers.
Vous, enfin, qui pliez sous le
pouvoir inique
Où l'Espagne vous a sou-
mis.
Reprenez cœur , chassez vos
cruels ennemis;
Secouez ce joug tiranique :
Et pour imiter en nos jours
Nos sages ayeuls & les
vôtres,

Ioignez vos Penates aux
nôtres :
Lors qu'on se veut unir, on
triomphe toûjours.
N'écoûtez-point la voix
flateuse
De ceux qui vous parlent
de paix.
Quand l'ennemi la donne, elle
est si dangereuse,
Qu'on ne doit l'accepter
jamais.
Ce n'est que pour vous
mieux soûmettre,
Qu'on fait intervenir cette fille
du ciel ;
C'est pour cacher son ve-
nin & son fiel,
Que l'olive à la main, un fier
& cruel maître
Vient se presenter devant
vous.
Bien tôt vous sentiriez les
coups

*Que frapent les Tyrans, quand
   leurs Peuples tranquilles
      Ne se defient plus de rien.
      Vous verriez saccager vos
         Villes,
      Et vos cris seroient inuti-
         les.
   Vnissez donc vos cœurs par un
      sacré lien.
   Armez-vous contre un Roi qui
      vous traite en esclaves ;
         Et sçachez, valeureux Ba-
            taves,
   Que quoique vôtre Chef ne soit
      plus aujourd'hui,
   Vous devez terminer & vos
      pleurs & vos craintes ;
   Il est un Prince au Ciel qui
      combatra pour lui :
   Ce Chef, d'un assassin ne craint
      point les atteintes.
   Nôtre Prince & Brutus ont le
      même destin ;*

Ils ont tous deux perdu la
 vie
 Pour le soûtien de leur
 Patrie:
Le Prince , par les mains
 d'un infame assassin,
Brutus en disputant l'honneur
 d'une victoire,
Qu'en mourant remporta cet
 illustre Romain;
Nôtre Prince pourtant meurt
 plus rempli de gloire:
 L'Espagnol le redouta plus
 Que Tarquin n'avoit fait
 Brutus.

J'ai déja dit que Maurice Maurice
de Nassau avoit herité des
Charges de son pere ; mais
il n'eut le titre de Prince
d'Orange qu'aprés la mort
de Philippe Guillaume son
frere , qui mourut sans en-

fans le vingt Fevrier mil six cent dix - huit. Il répondit parfaitement à l'eftime qu'on avoit conçûë de fa valeur & de fa conduite : Il remporta de grandes victoires fur les Efpagnols ; il furprit Breda avec un bateau de tourbes, dans lequel il y avoit foixante hommes qui mirent pied à terre dans la Ville, & fe faifirent d'une des portes dans le tems que l'Armée s'approcha. Ce Prince mourut en mil fix cent vingt-cinq, âgé de cinquante-huit ans : Et comme il n'avoit point été marié, il laiffa à

Henri Frederic fon frere la Principauté d'Orange, & les Charges de la Republique, qui foûtint tres-bien la grande réputation que fon pere

&

& ses freres s'étoient acquise.
Il fut surnommé le pere des
Soldats, à cause qu'il ména-
geoit beaucoup leur vie, &
ne laissoit pourtant pas d'a-
grandir les conquêtes de la
Republique aux dépens de
l'Espagne.

Henri Frederic mourut à
la Haïe le quatorze Mars mil
six cent quarante-sept, laissa
un fils nommé Guillaume Second & plusieurs filles. Guil-
laume succeda aux Charges
de son pere en mil six cent
quarante-huit, & ce fut dans
cette même année que les
Etats Generaux firent la Paix
avec l'Espagne. Le regne de
ce Prince ne fut pas long;
car il mourut le six Novembre mil six cent cinquante,
peut-être de chagrin de ce

qu'il n'avoit pas réüssi dans l'entreprise qu'il avoit formée le trente Juillet de la même année, de surprendre la Ville d'Amsterdam, à cause qu'elle né consentoit pas aveuglement à tout ce qu'il demandoit, comme les autres Villes où son crédit étoit mieux établi. Il avoit épousé Henriette Marie d'Angleterre, fille de Charles Premier, qui accoucha d'un fils huit jours aprés la mort de son mari, je veux dire le quatorze Novembre mil six cent cinquante-un, selon Moreri, & mil six cent cinquante selon plusieurs autres. Il fut nommé Guillaume Henri Trois, & c'est le même qui regne aujourd'hui en Angleterre & en Hollande.

La Princeſſe emploïa d'a-
bord ſes ſoins à faire élever
le jeune Prince, d'une maniere que ſon éducation répondit à ſa naiſſance. On reconnut d'abord qu'il avoit
de tres-bonnes diſpoſitions.
Dés qu'il eut atteint l'âge
de ſept à huit ans, on l'envoïa étudier dans la celebre
Univerſité de Leiden. Je ne
ſçaurois me diſpenſer de rap-
porter ici ce qu'un païſan de
Catwich m'a raconté, &
qui m'a été confirmé par
pluſieurs Habitans de Leiden, entr'autres par le Sieur
Elzevier, fameux par ſes belles impreſſions.

Ce païſan aïant été envoïé
à Leiden par ſon pere, pour
vendre de certains petits
poiſſons de Mer qu'on nom-

me *Tingerna*, qui ressemblent presque à des sauterel-
les, & que les Hollandois
mangent sans pain par les
ruës en se promenant. Le
Prince allant au College,
suivi seulement d'un petit
Laquais, appella le païsan,
se fit bailler une mesure de
ce poisson qu'il mit dans sa
poche : & comme le païsan
lui demanda les deux sols à
quoi se montoit sa marchandise, le Prince l'envoïa promener, & lui dit : *Ick be-*
tael niet, ick ben den Princen;
c'est-à-dire, je ne païe rien,
je suis le Prince. Mais le païs-
san n'étant pas contant de
cette qualité, lui donna bru-
talement un coup de poing
dans le nez, & l'auroit mal-
traité davantage, si une bon-

ne vieille femme n'eût tiré
deux fols de fa poche, pour
les donner à ce ruſtique.

Ce Prince dans ſes jeu-
nes ans donna des marques
d'une grande ambition; cela
ne contribua pas peu à re-
nouveller dans l'eſprit des
Hollandois, le deſſein que
ſon pere avoit eu de ſe rendre maître d'Amſterdam, &
enſuite de toute la Province; ce qui fut en partie cauſe qu'en mil ſix cent ſoi-
xante-ſept les Etats firent
un Edit qu'on appella *Perpetuel*, par lequel il fut reſolu que la Charge de Sta-
thouder, ou Gouverneur
d'une ou de pluſieurs Provinces, ne fût jamais confe-
rée à qui que ce fût.

Cet Edit ne fut qu'une

suite de ce à quoi les Hollandois s'étoient engagez par le Traité de Paix qu'ils signerent avec Cromwel en mil six cent cinquante quatre, par lequel ils promirent d'exclure à l'avenir ceux de la Maison d'Orange, du Gouvernement des Provinces-Unies : Mais en mil six cent soixante-douze, dans le tems que la France declara la Guerre à la Republique, le Peuple, à l'instigation des Emissaires du Prince, excita des troubles presque dans toutes les Villes, sous pretexte que les progrés de la France n'étoient qu'une suite de la trahison de quelques Membres de l'Etat, & de ce que le Gouvernement étoit hors des mains du Prince.

Pendant ces troubles, Corneille, & Jean de With, le premier Bourgmestre de Dordrecht, & l'autre Pensionnaire de Hollande, c'est-à-dire Premier Ministre, furent massacrez à la Haïe par la populace ; & le Prince d'Orange fut accusé d'avoir fomenté ce tumulte. On le blâma fort d'avoir si mal recompensé les grands services que ces deux freres avoient rendus à l'Etat. S'il est vrai que le Prince fût complice de la mort du Pensionnaire de With, il ne fit que suivre les traces du Prince Maurice son oncle, qui fit trancher la tête à Barnevelt, en la soixante-douziéme année de son âge, aprés avoir tres-long-tems tenu le

E iiij

gouvernail de l'Etat en la même qualité de *Pensionaire de Hollande*.

Quoiqu'il en soit, les mutins de presque toutes les Villes de Hollande insulterent ouvertement leurs Magistrats, & demanderent qu'on rétablît le Prince d'Orange dans toutes les grandes Charges de ses ancêtres; ce qui fut fait à des conditions même plus avantageuses qu'aucun d'eux; car on declara les Charges de Gouverneur & Capitaine General, tant par Mer que par Terre, hereditaires à la famille de ce Prince.

L'autorité du Prince d'Orange est tres-considerable; car c'est lui qui dispose absolument des forces de la

Republique, tant par Mer
que par Terre, donne toutes
les Commiſſions : L'Armée
ni la Flotte ne connoît d'autre commandement que le
ſien. Il preſide dans l'Aſſemblée des Etats de Hollande,
& ſa voix eſt comptée pour
deux. Il choiſit les Magiſtrats de chaque Ville, qu'on
renouvelle tous les ans ; &
c'eſt lui ſeul qui peut donner grace à un homme con-
damné à mort. Cette auto-
rité augmente pendant la
Guerre, à meſure que l'Armée groſſit par les troupes
Etrangeres que l'Etat achet-
te, & qui ſont ſous le commandement du Prince.

Cette grandeur le fait
craindre ; mais auſſi le fait
haïr par les principaux Sei-

gneurs du Païs, qui n'étans
pas de ses creatures, sont
privez des emplois ausquels
leur naissance & leur merite
devroient les élever. Tous
les bons Republicains appre-
hendent qu'un jour le Prince ne soit tenté du desir de
la Souveraineté : Ils se sou-
viennent encore qu'en mil
six cent soixante-quinze, lors
que les Etats de Gueldres lui
offrirent la Souveraineté de
leur Province , il fit assez
connoître que si les autres
Provinces y eussent donné
leur consentement , il n'eut
pas été se cacher comme
Saül.

Cependant, les plus éclai-
rez ne peuvent pas com-
prendre quel avantage le
Prince tireroit de cette Sou-

veraineté ; car il ne lui feroit pas facile de tenir en
bride tant de grandes Villes,
fans y bâtir des citadelles, &
y mettre de fortes garnifons
qui ruïneroient bien-tôt le
commerce, fans lequel la
Hollande ne fçauroit vivre;
car chacun fçait que le commerce ne fleurit jamais dans
les lieux où l'on veut ufer de
force & de violence. D'ailleurs, le Prince ne pourroit
pas s'emparer de la Souveraineté, fans donner beaucoup de jaloufie aux Princes
voifins, qui fans doute don-
neroient du fecours aux Republicains qui ne font pas
de fa faction, dont le nombre n'eft pas petit. Il eft
donc certain qu'il eft plus
avantageux au Prince de fe

contenter de sa Charge, qui
lui donne toutes les préroga-
tives d'un Souverain.

Dans le Tome I V. de mes
Voiages, j'ai emplement parlé de la maniere dont le
Prince d'Orange s'est em-
paré du Trône d'Angleterre.
Depuis ce tems-là, la Princesse son Epouse est morte à
Londres au commencement
de cette année mil six cent
quatre-vingt-quinze : Toute
l'Angleterre en a pris le
deüil. Les ceremonies de
son Enterrement ont sur-
passé celles de la Reine Eli-
sabeth, puisqu'on m'écrit
d'Angleterre, que les frais
en sont allez à quinze cent
mille livres monnoïe de
France.

Comme cette Princesse a-

voit partagé la Roïauté & le
Gouvernement avec le Prince son Epoux, dés qu'elle
fut morte, on rompit les
Seaux de l'Etat, & on en
fit de nouveaux au nom du
Prince seulement, qui donna un appartement dans le
Palais de Withall à la Princesse de Dannemarck, avec
le Regiment des Gardes de
feuë sa sœur.

CHAPITRE V.

De la Province de Hollande, & de son Gouvernement.

Hollan-
de.

QUELQUES Auteurs veulent que la Hollande tire l'étimologie de son nom du mot Allemand *Holland*, qui signifie païs de bois, à cause que cette Province étoit autrefois couverte de forêts. Ils appuïent leur sentiment sur ce qu'on trouve encore dans les lacs & les Isles voisines, sur tout dans celle du Texel, quantité de troncs & racines de gros arbres, qui font souvent

perdre des ancres & perir
des Vaisseaux. D'autres veulent que le mot de *Holland*,
signifie terre creuse ou vuide, à cause qu'elle tremble
en plusieurs endroits. Et enfin, il y en a qui pretendent
que les Normans aïans conquis cette Province, lui donnerent le nom de Hollande,
de celui de l'Isle d'Oland en
Dannemarck, d'où ils é-
toient venus.

Cette Province peut avoir
soixante lieuës de circuit,
trente-quatre dans sa plus
grande longueur, & douze
dans sa largeur. Elle est si
peuplée, qu'on peut dire
d'elle avec plus de verité,
ce qu'un ancien disoit des
Gaules en general, qu'il n'y
a point de desert ni de soli-
tude ; car il est rare d'y en

trouver, à cause du grand
abord des Etrangers à qui
les Guerres ont fait cher-
cher un azile assuré : Aussi
est-elle trop petite pour contenir un si grand nombre de
Peuple ; ce qui fait qu'on en
envoïe tous les ans quantité
aux grandes & petites Indes,
tant pour y peupler de nouvelles Colonies, que pour
augmenter celles qui y sont.

Aprés la Paix de mil six
cent soixante-dix-huit, la
seule Province de Hollan-
de nourrissoit deux millions
cinq cent mille ames ; & depuis ce tems-là, les Guerres
des Païs voisins en ont aug-
menté le nombre. Outre que
cette Province est un azile
assuré pour toute sorte de
miserables ; car ceux qui s'y
font

sont retirez pour éviter les coups de la Justice ou de la fortune, ne doivent pas apprehender que les prieres ni les menaces d'aucun Prince, oblige la Republique de les chasser, encore moins de les livrer entre les mains de leurs ennemis. On n'a qu'un seul exemple que les Hollandois aïent manqué à ce droit d'hospitalité; ce fut en mil six cent quatre-vingt-quatre, à l'occasion du Chevalier Amerstron, qui étant disgracié en Angleterre, se retira en Hollande : Et le Ministre de sa Majesté Britanique sçachant qu'il étoit à Leiden, logé à la Croix de Bourgogne, fut trouver le grand Prevôt de cette Ville, qui pour lors étoit

Monsieur Pas , qui pour quelque argent lui livra ce pauvre Chevalier qu'on conduisit à Londres , où peu aprés il fut écartellé.

Cette action fut trouvée si noire, que le grand Prevôt fut obligé de se tenir caché pendant quelques mois, pour éviter la fureur du Peuple ; & on fit des Satyres contre lui , qui faisoient assez connoître qu'un homme qui vend la liberté publique, est odieux à ce Peuple. Cette protection inébranlable y attire , comme j'ai déja dit , une infinité de personnes malheureuses ; ce qui augmente les Peuples & les richesses de ces Provinces.

Ses Villes Les principales Villes de Hollande sont, Dort ou Dor-

drecht, qui a la premiere
voix aux Etats de la Province, Harlem, Delft, Leiden,
Amsterdam, Goude, Rot-
terdam, Gorcum, Schidam,
Schonhoren, Bril, Alcmar,
Horne, Enchuysen, Edam,
Monikendam, Medemblick
& Purmerend : Je ne parle
pas des autres, parce qu'elles ne sont pas admises à
députer à l'Assemblée des
Etats de la Province.

La Langue la plus usitée en
Hollande, est le Flamand ou
bas Allemand, mais cepen-
dant les gens de qualité, & sur
tout les Marchands ont le soin
de faire apprendre à leurs enfans le Latin, le François,
l'Anglois, l'Espagnol, l'Ita-
lien & l'Allemand, & il n'est

Eij

pas surprenant d'y voir des
gens posseder toutes ces Lan-
gues.

Comme cette Province,
aussi bien que la Zelande, est
fort marécageuse; qu'il y
regne des broüillards épais,
& que tout le Païs est mon-
dé quatre mois de l'année,
cela est cause que l'air y est
fort grossier & mal sain.

La Hollande est aujour-
d'hui la plus puissante & la
plus riche Province, je ne
veux pas dire des Païs-Bas,
mais même de toute la Terre. Sa richesse paroît dans
ses bâtimens, dans ses Villes
bien munies & bien forti-
fiées, dans cette multitude
de Chaloupes, de Barques &
de Vaisseaux qui vont commercer par tout le monde,

à cette abondance de munitions de bouche & de guerre dont ils fourniffent la
plûpart des Etats voifins, &
même leurs ennemis ; com-
me lors qu'ils vendoient de
la poudre, des boulets & des
Vaiffeaux aux Efpagnols a-
vec qui ils étoient en guerre. Cette Province fournit
annuellement d'incroïables
fommes pour les befoins de
l'Etat. En un mot, pour donner une idée parfaite de la
richeffe de la Hollande, au
regard des autres Provinces
de l'Union, il faut fçavoir
que lors que la Generalité a
befoin de cent mille livres,
la feule Province de Hollande
en fournit cinquante-huit
mille trois cent neuf, un fol
dix deniers ; & celles de

PROV:
UNIES.
____

Gueldres, de Zelande, d'U-
trecht, de Frise, d'Overiffel
& de Groningue donnent le
furplus.

Inonda-
tions.

Cette floriffante Province
à lieu de craindre un jour,
que la Mer ne l'engloutiffe,
n'aïant pour rempart contre
ce formidale voifin, que
quelques petites élevations
de fable que la fuite des tems
a ramaffées fur fes bords,
que les Habitans appellent
Dunes, & quelques digues,
dont les principales font celles de l'Iffel, de la Meufe,
de Sparendam & de Medem-
blick. Le foin en eft recom-
mandé à Meffieurs les Dick-
graren & Hemrades de cha-
que Senêchauffée, qui ont
auffi le foin de la Police, &
s'affemblent une ou deux fois

la semaine dans leur Hôtel à
Leiden, &c.

On pretend que les an-
ciens Habitans de cette Province aïant consacré les forêts dont elle étoit remplie,
aux fausses divinitez qu'ils
adoroient, Dieu voulant les
châtier, permit que l'an huit
cent soixante de Jesus-Christ,
il surviut une si furieuse tempête, que les sables que la
Mer pousloit vers la côte,
aïant fermé l'embouchûre
du Rhin prés de Catwich,
ce fleuve fut forcé d'inonder tout le Païs, de renver-
ser les arbres & les maisons,
& de s'aller jetter dans le lit
de la Meuse. En mil quatre
cent vingt-un il y eut une
autre inondation, qui separa
la Ville de Dordrecht de la

Terre-ferme ; submergea soixante-douze Villages , plusieurs Châteaux , noïa cent
mille ames , & fit perir une
infinité de bestiaux.

La digue de l'Issel se rompit en mil six cent trente-
huit , par la quantité de glaces que le Rhin entraînoit,
qui aïant bouché le passage de l'eau , firent une ouverture de quelques toises
à la digue , & une partie de
la Province fut inondée a-
vant qu'on eut pû reparer
la bréche. En mil six cent
quatre-vingt-deux, je vis une
pareille inondation dans la
Province de Zelande , qui
submergea plus de trente Villages, & causa la perte d'une
infinité de monde & de bestiaux , qui furent surpris la
nuit

nuit par les eaux. Ce fut un
bonheur pour la Hollande,
que le vent de Sud-Est, qui
est entre le Midi & le Levant, gagna celui qui lui é-
toit opposé ; car la Mer é-
toit si enflée, que les eaux
étoient dix-huit pieds plus
hautes que les terres les plus
élevées de la Province, à la
reserve des Dunes de sable
dont j'ai parlé.

Les côtes de Hollande a- Fertilité.
bondent en poissons, & l'air
y procure quantité d'oiseaux
passagers, comme des oïes,
des cigognes, des canars, des
herons, des beccasses, &c.
Les cigognes nichent sur les
cheminées des maisons, &
dans les endroits les plus
élevez. Il n'est point permis
de leur tirer non plus qu'-

aux cignes qu'on y entretient, ausquels les Magistrats ont fait mettre un collier où l'on a peint une potence, pour marquer que ceux qui leur font du mal sont pendus sans remission.

Le Païs produit peu de grains; cependant la Hollande est appellée le Grenier de l'Europe, parce qu'elle fournit du bled à l'Angleterre, à l'Espagne, à l'Italie, & même à la France, lors que ces Païs en manquent, & que la guerre n'en interromp pas le commerce. Les greniers de toutes les Villes, & sur tout ceux d'Amsterdam, sont toûjours remplis pour six années, des grains que les Hollandois vont querir en Pologne, en Mosco-

vie, en Barbarie ou en Sicile.

Quoiqu'il n'y ait point de
vignes, il y a une ſi grande
abondance de vins de France, de Gaſcogne, d'Eſpagne,
de Grece, du Rhin, de la
Moſelle & de la Meuſe, qu'-
ils s'y vendent à beaucoup
meilleur marché qu'à Paris.
Les Hollandois vont les de-
biter dans les Roïaumes du
Nort, auſſi bien que l'eau-
de-vie, d'où ils apportent
des belles fourrures, du fer,
du cuivre, du godron & des
bois pour leurs bâtimens &
pour leurs Navires.

On trouve en Hollande
toute ſorte de fruits, mais ils
ont de la peine à meurir, &
ceux qui viennent en parfaite
maturité ne ſont pas ſi bons

à manger que ceux de France : la grossiereté de l'air fait cette difference ; car nous voïons que ceux des environs de Paris ne sont pas si excellens que ceux qu'on recueille en Provence & en Languedoc.

Cette Province abonde en pâturage; ils y sont meilleurs qu'en aucun lieu de l'Europe. Leurs prairies sont entrecoupées d'une infinité de grands canaux , où l'on ne peut aller qu'à la faveur de quelques ponts-levis appuïez d'une porte ou d'un cleda, que les proprietaires ferment à la clef : De maniere que les bestiaux sont en sûreté nuit & jour dans ces prairies sans aucuns gardiens ; & s'il arrive que quelqu'un soit assez

hardi d'en dérober, ils font
attrapez indubitablement ,
parce que ne pouvant pas
aller à travers champ, à caufe des eaux, ils font obligez
de paffer à des barrieres
qu'on trouve de tems en
tems dans les chemins ; où
l'on païe les peages; & ceux
qui menent du betail font
d'obligation de produire des
certificats des Magiftrats du
lieu où ils l'ont pris, marquant l'endroit où ils le menent, fans quoi on les arrê-
te ; & s'ils font convaincus
de l'avoir dérobé, ils font
pendus fans remiffion.

Vers le mois de Fevrier ,
on amene une infinité de
vaches maigres de Danne-
marck, que les païfans de
Hollande achettent pour

mettre dans leurs prairies : Elles sont beaucoup plus grandes que celles que nous avons en France. Elles rendent communément là, chacune dix-huit à vingt pintes de lait par jour, mesure de Paris. De-là vient qu'ils font une incroïable quantité de beurre & de fromage. On assure que le lait que rendent tous les ans les vaches de Hollande & de Zelande, surpasse en quantité les vins qu'on recueille dans toute la Bourgogne. Au commencement de l'hyver, ils retirent ces vaches de la prairie où elles se sont fort engraissées : Ils en vendent la plus grande partie aux Habitans des Villes pour faire saler, ce qui fait leur meilleure pro-

viſion : ils gardent les autres PROV.
pour leur fournir du lait UNIES.
pendant l'hyver.

Voici la maniere dont ils
font cet excellent beurre
qu'ils envoïent dans toutes
les parties du monde. Lorsqu'ils ont bien pêtri leur
beurre, ils mettent ſur vingt
livres de beurre une demie
livre de ſel ; le repaîtriſſent
le lendemain avec encore
un peu de ſel, & le mettent
aprés dans des bariques, bien
preſſé, afin qu'il ne s'évente
pas. Ils mettent au haut de
la barique , quatre doigts
de ſel avant de la fermer.

Ils font de deux ſortes de
fromage verd qu'ils eſti-
ment beaucoup, principalement le premier, qu'ils font
avec du perſil pillé & paſſé

dans une toille ; ils mêlent ce jus avec le lait : on y met aussi des cloux de gerofle, du gingembre, du cumin ou de l'anis. Bien que les Hollandois trouvent ce fromage fort exquis, les Etrangers n'y trouvent aucun goût. L'autre maniere de faire du fromage verd, se fait avec de la fiente de mouton, qu'ils amassent au mois de Mai. Pour l'avoir plus propre, ils attachent de petits sachets sous la queuë de ces animaux ; ils paîtrissent & salent cette fiente comme le beurre : Lors qu'ils veulent s'en servir, ils en prennent la quantité qu'ils en veulent mettre dans leur vaisseau, la passent à travers d'un tamis à la faveur d'un peu de lait ;

cela fait, on le met dans le lait qu'on veut cailler, qui devient verd, & fait le fromage de même. Ceux qui ignorent la maniere dont on le fait, le trouvent fort bon.

Anciennement la Province de Hollande étoit possedée par les Romains; & ce ne fut qu'en quatre cent quarante-neuf qu'ils en furent dépossedez par Meroüée Roi de France. Quelque tems aprés, les Danois & les Normans ravagerent ce Païs, qui ne reprit sa liberté qu'en huit cent soixante-trois, lorsque Charles-le-Chauve Roi de France l'érigea en Comté, en faveur de Tierri ou Theodoric Duc d'Aquitaine, comme je l'ai remarqué dans le Chapitre III. de ce Volume.

Presentement la Province est gouvernée par les Députez que chaque Ville envoïe à l'Assemblée qu'on appelle les *Etats de Hollande*, qui se tient ordinairement à la Haïe. Cette Assemblée represente la Souveraineté de la Province : Elle est composée des Deputez de la Noblesse & des Villes, qui font en tout dix-neuf voix, dont la Noblesse n'a que la premiere.

Dans l'établissement de la Republique, il n'y avoit que six Villes qui eussent voix dans l'Assemblée ; sçavoir Dort, Harlem, Delft, Leiden, Amsterdam & Tergau. Mais Guillaume de Nas-

fau Prince d'Orange , voulant diminuer le credit de la
Nobleſſe, & donner un con-
trepoids au pouvoir des plus
grandes Villes, permit à celles de Rotterdam , Gorcum,
Schidam, Schonhoven, Bril,
Alcmar , Horne , Enchuy-
ſen , Edam , Monikendam,
Medemblick & Purmerend,
d'envoïer auſſi des Deputez
à l'Aſſemblée des Etats de
la Province ; & la voix de
chacune de ces petites Villes a autant de poids que
celle d'Amſterdam, quoique
celle-ci païe plus de la moitié des frais que la Province
eſt obligée de fournir pour
la Generalité. Le Prince
d'Orange, comme Gouver-
neur de la Province, preſide dans cette Aſſemblée ,

& sa voix est comptée pour deux.

Le Pensionnaire ou Premier Ministre de la Province, dont la Charge est perpetuelle, ne prend place qu'aprés tous les Deputez : C'est lui qui propose toutes les affaires, & reçoit le sentiment d'un chacun. La Noblesse envoïe ordinairement sept à huit Deputez dans l'Assemblée de la Province ; mais tous ensemble n'ont qu'une voix. Les Villes y envoïent aussi le nombre de Deputez que bon leur semble, qui n'ont aussi qu'une voix.

Il y a encore à la Haïe un Conseil d'Etat de la Province, composé d'un President, de douze Conseillers, d'un

Avocat Fiſcal, d'un Procu-
reur General, d'un Subſti-
tut, & de quelques autres
Officiers. Ce Tribunal a le
ſoin de faire executer les re-
ſolutions des Etats de la Province.

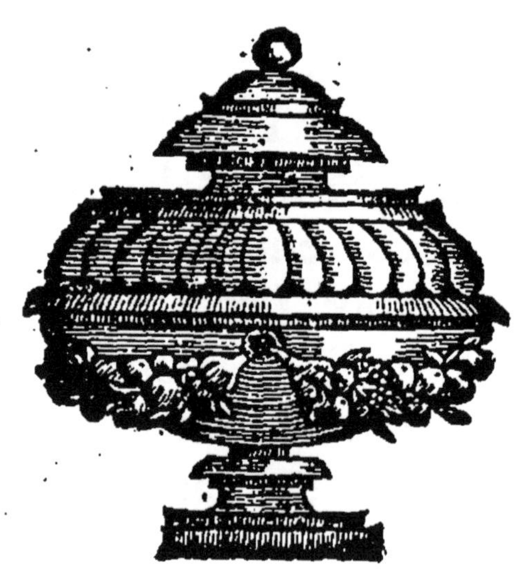

CHAPITRE VI.

Des Mœurs, Loix, Coû-tumes & Religion des Hollandois.

Mœurs.

LE Poëte Martial voulant representer un esprit grossier & pesant, l'appelle Oreille Batave, parce qu'autrefois les Bataves étoient fort grossiers ; cependant ils étoient estimez par les Romains , les meilleurs nageurs & les plus vaillans Peuples de leur tems : Ils tenoient la victoire assûrée lorsqu'ils les avoient avec eux , & les redoutoient beaucoup

quand ils étoient du parti
contraire. Une marque évi-
dente de l'eſtime que les
Romains faiſoient des anciens
Peuples de Hollande, c'eſt
qu'ils les affranchirent de
toute ſorte de tributs „ à la
reſerve de celui d'aller à la
guerre lörs qu'il en ſeroit
neceſſaire.

Les Hollandois ſont au-
jourd'hui d'une grande taille , induſtrieux , entrepre-
neurs , grands voïageurs ,
excellens Peintres , fidelles
Marchands, laborieux, doux,
civils, courtois & bons mé-
nagers. Ils ſont d'une franchi-
ſe qui les a ſouvent expoſez
aux railleries & à la trom-
perie de leurs voiſins ; mais
ils commencent à ne plus ſe
fier ſi facilement aux Etran-

gers qui abusoient de leur bonté.

Ils sont difficiles à émouvoir ; ce qui les fait passer pour pesans & grossiers : cependant il est certain que leur lenteur n'est pas toûjours préjudiciable à l'Etat ; car ils examinent profondement la chose , avant de prendre aucune resolution : Aussi lors qu'ils sont determinez , on peut compter qu'ils ne changent pas facilement de sentiment. Le vice capital des Hollandois, c'est le tabac & la boisson ; cependant ils ne s'abandonnent dans ces plaisirs , que lors que leurs principales affaires sont faites , ou en état de ne rien craindre par le retardement.

Les

Les femmes y font pour
la plûpart, grandes, bien-
faites, blanches & blondes ;
mais elles n'ont pas cette vi-
vacité des Françoises. Elles
aiment à boire aussi bien
que leurs maris ; ce qui fait
que la plûpart perdent leur
tein & leur beauté à vingt-
cinq ou trente ans. On ac-
cuse les filles de ne pas garder leur virginité jusques à
l'hymenée ; mais c'est en partie la faute de leurs supe-
rieurs, qui ne les marient
guere avant l'âge de vingt-
huit à trente ans. Il semble
que lors qu'elles font ma-
riées, elles reparent en partie ce défaut de jeunesse,
par la foi inviolable qu'elles
gardent à leurs maris ; disant
à ceux qui les avoient con-

PROV.
UNIES.
———
Des fem-
mes.

nues étant filles, qu'elles ne font plus à elles, & que toutes leurs faveurs appartiennent à leurs maris.

Je crois que deux chofes contribuent beaucoup à cela. La premiere, la peine avec laquelle on y punit l'adultere : Et la feconde, le peu de répugnance qu'un homme y fait d'époufer une fille qui aura fait un ou deux enfans. Les femmes convaincues d'adultere font mifes au carcan, & fouvent noïées dans une corbeille ou tonneau qu'on expofe aux vagues de la Mer ; c'eft de ce genre de mort qu'on y punit les Sodomites, & ceux qui font convaincus d'avoir eu compagnie avec quelque bête.

Une fille ne peut pas être qualifiée de putain, pour un ni pour deux enfans , pourvû qu'il ne soit pas évident qu'ils soient tous les deux d'un même pere : On dit seulement que ce sont des filles abusées. Par les Loix du Païs , un jeune homme qui a débauché une fille est obligé de l'épouser , quelque disproportion de biens & de naissance qu'il y ait ; ce qui ne contribuë pas peu à persuader les jeunes filles.

Si un homme marié est convaincu d'avoir connu d'autre femme que la sienne, ou débauché quelque fille, il est poursuivi à la requête du grand Prevôt ; & s'il ne trouve moïen d'étouffer cet

te affaire, on le condamne
à des frais & à des amendes
qui vont souvent au-delà de
tout son bien.

Spinhuis   Il y a des maisons publiques dans chaque Ville, où
l'on renferme les filles de
joïe. Ces maisons s'appellent
Spinhuis ou maison à filer,
parce que ces miserables font
obligées de filer tous les
jours certaine quantité de
chanvre ou de lin, ou de
faire les autres besognes qui
leur font marquées, au profit
de la maison qui les nourrit
& les habille : Celles qui
n'achevent pas leur tâche
font étrillées avec des nerfs
de bœuf; & celles qui l'ont
faite de bonne heure, ont per-
miffion de travailler le reste
du jour pour leur profit par

ticulier. Elles sont dans ces maisons jusqu'à ce que leurs parens les en retirent, en païant leur pension pour le tems qu'elles y ont été, & en donnant caution qu'elles se comporteront mieux à l'avenir. Si la beauté ou les biens de quelqu'une sont capables de donner de l'amour à quelque jeune homme qui les demande en mariage, on ne les leur refuse pas, pourvû que la fille y consente, & qu'elle soit épousée avant de sortir de l'Spinhuis.

On a aussi dans toutes les Villes, des maisons où les garnemens & les mal-faiteurs sont enfermez pour faire penitence : On les appelle *Rasphuis*, ou maisons à fier, parce que ceux qui

y sont enfermez sont obligez à fier du bois de brefil,
qui eft extremement dur : :
d'autres sont mis dans des
bafses-fofses, où ils sont o-
bligez de pomper jour &
nuit, pour empêcher que
l'eau qui croît petit à petit,
ne les surmonte & ne les
étouffe. Ces miferables sont
condamnez à ces peines, les
uns pour quatre ans, les autres pour fix, les autres pour
toute leur vie. On y voit
souvent des enfans de bonne
maison, que leurs parens
y ont fait renfermer, pour
mettre un frein à leurs dé-
bauches & à leur vie dépra-
vée.

A l'égard des meurtres ou
affaffins, ils font condamnez
à mort fans mifericorde; on

y coupe indifferemment la tête à tous ceux qui ont tué quelqu'un, & on n'y pend que les voleurs & les faux monnoïeurs.

Ces maisons ne sont pas les seuls établissemens que les Villes de Hollande ont fait pour le bien public ; ils ont aussi des Hôpitaux pour les pauvres Etrangers, d'autres pour mettre les fols, d'autres pour les vieillards d'un & d'autre sexe ; & d'autres enfin pour les enfans trouvez & les orphelins. Toutes ces maisons ont leurs revenus & leurs Gouverneurs particuliers, & donnent à tous les Etrangers une haute estime de la charité des Hollandois, qui ne peut assez être louée.

Les Directeurs des maisons
des orphelins ont le soin
que ces enfans soient instruits
dans la Religion Pretenduë
Reformée , qu'on leur ap-
prenne à lire & écrire, qu'-
on leur fasse apprendre des
professions conformes à leur
sexe & à leurs inclinations.
Tout ce que ces enfans ga-
gnent jusqu'à l'âge de vingt-
deux ans, est au profit de la
maison. A cet âge, & non plûtôt, ils sont libres d'aller où
bon leur semble. Pour lors
les Directeurs leur font faire
deux habits neufs fort propres, leur donnent du linge
à proportion , & prennent
soin qu'ils ne tombent entre
les mains de canaille qui
pourroient abuser de leur
jeunesse , se declarant leurs

peres

peres & leurs protecteurs jusques à ce qu'ils soient ma-
riez. Si à vingt-deux ans il
y en a qui veuillent rester
dans la maison, ils n'ont
qu'à le declarer à leurs Directeurs, qui le leur permet-
tent pour tout le tems qu'ils
voudront, à condition que
tout leur travail sera au profit de la maison.

Autrefois les Hollandois
étoient méprisez de leurs
voisins, à cause de leurs
mœurs grossieres & de la
simplicité de leurs habits.
On les appelloit stupides &
mangeurs de beurre & de
fromage ; mais par les Trai-
tez & par les Alliances qu'ils
ont faites depuis quarante
ans, ils ont assez fait connoître qu'ils étoient plus fins

PROV.
UNIES.
——.
& rusez que leurs predecef-
feurs. Ils aiment la liberté,
& facrifieront toûjours leurs
biens & leurs vies pour la
maintenir. Si un efclave peut
mettre le pied en Hollande,
il eft d'abord affranchi. Il
n'eft pas permis d'y maltrai-
ter un Domeftique, & quelque impertinence qu'il ait
commife à fon maître, il n'a
la liberté que de le chaffer,
en lui païant trois mois de
fes gages au-delà du tems
qu'il l'a fervi, à moins qu'il
ne foit convaincu de fripon-
nerie; auquel cas on peut le
mettre entre les mains de
la Juftice, fans le châtier
foi-même. Si le Domeftique
porte fa plainte au Magiftrat,
que fon maître ou fa maî-
treffe l'ont battu, & qu'il y

Privil·ge
des Do-
mefti-
ques.

ait quelque vrai-semblance, ils sont condamnez à une amende.

Les Hollandois sont fort industrieux ; ils réüssissent parfaitement à tout ce qu'ils entreprennent, & ils entreprennent tout ce qui peut leur procurer du profit. Ils font leurs provisions de vian-de & de tourbes avant l'hy-ver : Quant au pain, ce sont les Boulangers qui cuisent & distribuent le pain, sur le pied que les Commissaires de Po-lice l'ont fixé. Les tourbes sont des mottes de terre sou-frées, dont on se sert pour faire du feu, faute de bois, dont la Province est fort dé-pourvûe.

Chaque Bourgeois tuë un bœuf, ou la moitié, vers la

fin de l'été, qu'ils font saler & le mettent fumer à la cheminée. Le Dimanche matin ils en font cuire un gros morceau dans un chauderon ; & cette piece de refistance paroît toute la femaine fur la table, avec quelque plat de lait, de falade ou de legumes. Ils mettent quantité de beurre dans leurs apprêts ; ils en arrofent les viandes à la broche, & ne les piquent jamais : Il eft vrai que les gens de qualité reglent leur cuifine à la maniere Françoife.

Les Hollandois ne mangent ni ne boivent point avant midi, à la referve de quelque doigt d'eau-de-vie ou vin d'abfinthe. Le matin eft deftiné à leurs affaires,

& l'aprés-midi, aux visites
ou aux plaisirs. Cependant,
on ne peut aller voir personne, sans sçavoir auparavant si l'on n'incommodera
point : Cette regle est si
generale, qu'une mere n'ira
pas voir son fils ou sa fille
hors de sa maison, sans avoir
fait demander cette permis-
sion. Ce n'est pas une incivilité de dire que Madame
est occupée à sa lexive, ou
aux autres affaires de son
ménage ; & que Monsieur
visite ses magasins ou ses Livres de compte, & qu'ainsi
il n'est pas en estat de rece-
voir visite.

Si le feu a pris malheu-
reusement à la maison d'un
homme, quoiqu'il l'éteigne
promptement , il est con-

I iij

damné à une grosse amende
envers l'Hôpital : Si l'em-
brasement est trop grand ,
& qu'il se communique aux
maisons voisines, celui où le
feu a commencé est respon-
sable de tout le mal qu'il a
causé. Cette Loi a été faite
afin que chacun prît un soin
extraordinaire pour préve-
nir les embrasemens.

Les Magistrats ne laissent
pourtant pas de veiller à la
sûreté publique en plusieurs
manieres. Premierement, ils
ont des hommes dans tous
les quartiers de la Ville ,
qu'on appellent *Clapersmans*
ou *Batelswach*, qui font la
ronde de leur département
toutes les heures & toutes
les demi-heures de la nuit ;
qui crient à haute voix ,

l'heure qui vient de sonner.
Secondement, ces gens sont
obligez d'avertir ceux qui
auroient oublié de fermer
leurs maisons ; d'arrêter les
voleurs, ou tous ceux qui a-
prés neuf heures en hyver,
ou dix heures en été, tranf-
portent dës marchandifes ou
d'autres effets qu'on peut
fupçonner avoir été déro-
bez. Ils les ménent au corps-
de-garde, d'où le lendemain
on les conduit devant le Magiftrat, pour rendre compte des raifons qu'ils ont eu
de déplacer à heure indûë
les effets en queftion. Troi-
fiémement, ils ramenent
dans leurs Auberges ou dans
leurs maifons les Etrangers
ou les Habitans qui fe font
égarez pendant la nuit. Qua-

triémement ; Enfin , ils fonnent le toxin , s'ils voïent paroître du feu en quelque part.

Outre ces Gardes, on met des fentinelles fur des hautes tours, qui toutes les heures de la nuit fonnent de la trompette , pour faire voir qu'ils ne s'endorment pas. Si de ces lieux élevez ils apperçoivent le feu en quelqu'endroit, ils fonnent l'alarme avec la trompette, allument un falot qu'ils mettent au haut de la tour, pour marquer de quel côté de la Ville on doit porter le fecours.

Depuis quelques années, Meffieurs d'Amfterdam ont fait faire des machines, avec des longs boïaux de cuir

gros comme la cuiſſe, qui à
l'aide des pompes que font
agir continuellement trois
ou quatre hommes, ils élevent l'eau au-deſſus des plus
hautes maiſons, & la pouſ-
ſent plus de trois cent pas
loin pardeſſus tous les couverts ; & par ce moïen on
a bien-tôt éteint le feu, parce que toutes les ruës ſont
entrecoupées de canaux où
il y a continuellement bonne abondance d'eau.

Si ces Loix ſont louables, cel-
les-ci paroîtront un peu plus
étranges. Les revenus ordinaires de la Province ſont
fixes & ne changent jamais :
On les augmente à propor-
tion des beſoins de l'Etat. Si
la maiſon d'un homme qui
païe annuellement un écu à

l'Etat, venoit à être brulée, la place doit toûjours le même droit, sans que le maître puisse se dispenser de le païer en l'abandonnant. S'il a un pré ou une terre, & qu'il vienne a être inondé ou submergé entierement, le maître est toûjours chargé des mêmes droits ; & ce qui est de plus surprenant, c'est qu'il ne lui est pas permis d'aller pêcher dans son fonds qui est devenu un étang, quoiqu'il ne produise que du poisson.

Les Hollandois haïssent les querelles & les blasphêmes ; & pour éviter les disputes entre voisins, les Villes sont divisées en plusieurs quartiers ou voisinages, & chaque voisinage à son Maître & ses

Conseillers, avec un Tresorier. Ce Maître tâche d'a-
juster les differens qui naif-
sent entre les voisins ; & s'il
n'en peut venir à bout , il leur
permet de s'adresser aux
Commissaires établis par les
Magistrats pour veiller à la
tranquillité publique. Celui
qui a tort, est condamné à
une amende que le Tresorier
du voisinage reçoit. Si un ma.
ri a battu sa femme , il doit
païer un jambon ou la valeur;
& si une femme bat son mari, elle doit païer le double.

Ce Tresorier reçoit aussi
les amendes de dix-huit deniers ausquelles sont condamnez ceux qui n'accom-
pagnent pas les morts de
leur voisinage, dont les heritiers sont aussi obligez de

faire un prefent volontaire à
ce Receveur. Ceux qui a-
chettent quelques terres ou
maifons, leur en païent les
Laouds, qui font fort modi-
ques, & fouvent remis à la
difcretion de l'acheteur.

Lors que la bourfe du Tre-
forier eft pleine, les voifins
s'affemblent chez le Maître
du quatrier, où l'on choifit
l'endroit & le jour pour faire
un feftin de cet argent. On
va ordinairement dans un
Village, où pendant quatre
jours on ne fait que manger,
boire, fumer & chanter :
Chaque voifin y va avec fa
femme, fans mener enfans
ni chiens, à peine d'amende.
Avant de fe mettre à la table, on convient de certai-
nes loix, qui doivent s'ob-

ſerver pendant le repas ; entr'autres : De ne forcer perſonne à boire outre ſa vo-
lonté, de ne point ſe querel-
ler, de ne pas blaſphêmer,
ni de parler de Religion, à
cauſe de la diverſité des ſen-
timens.

Si le fonds du treſor ne
ſuffit pas pour païer les frais
du feſtin, on ſe cottiſe pour
faire le ſurplus. Quoique
dans cette aſſemblée il y ait
pluſieurs ſortes de gens, ils
ſe regardent tous comme
s'ils étoient égaux en condition , & prennent chacun
leur place telle que le ſort
la leur donne. Lors qu'ils
boivent à la ſanté de quelqu'un, ils n'achevent jamais
de vuider le verre ; ils ver-
ſent du vin frais ſur ce

qu'ils ont de reste, & le presentent à celui à qui ils ont bû. Dans d'autres rencontres ils versent toute la bouteille de vin ou de bierre dans un grand verre, dans lequel ils boivent tour à tour jusques à ce qu'il soit vuide; & ce seroit une tres-grande incivilité, si vous refusiez de boire aprés eux. Le maître de la maison boit ordinairement le premier; & les conviez n'oseroient boire, que le maître ne les y ait invitez par son exemple. Il y a quelques femmes du commun qui fument du tabac comme les hommes, mais le nombre n'en est pas grand.

Comme le Païs est fort froid, les femmes & même les hommes s'y servent de

chauffe-pieds, qu'on appelle *Stooves* : On leur en porte jufques dans les Eglifes &
dans les Temples. Le Con-
cierge en fournit à tout le
monde, pour un fol la piece,
ou pour un écu l'année. Par
ce moïen on dort à fon ai-
fe, aux Sermons des Predi-
cateurs qui n'ont pas le don
de plaire. Outre la precau-
tion des chauffe-pieds, les
femmes & les filles portent
ordinairement des calçons
pour fe garantir du froid.
Elles font fort attachées à
leur ménage, ne fortant ra-
rement que les Fêtes ou les
Dimanches, lors que leurs
maris ou leurs parens les ménent à la promenade. C'eft
elles qui ont tout le foin de
leurs boutiques, les hommes

ne se mêlant point du détail de leur commerce.

Il n'y a point de Peuple en Europe plus propre dans ses emmeublemens & dans ses habits, que les Hollandois. On ne voit jamais trous ni pieces à leurs habits; & une personne qui porte des habits rapiecez, peut passer pour tres-pauvre. Les Servantes vont toutes en mules de chambre dans les ruës, & leurs mules sont couvertes de velous, ou du moins de la peluche. Toutes les maisons sont bâties de brique, avec beaucoup de symmetrie : On les blanchit en dedans toutes les années : Elles sont presque toutes caronnées de marbre blanc ou noir. Les murailles des cuisines

nes font la plûpart revêtuës
de carreaux de fayence. On
y voit peu de tapifferies, à
caufe de l'humidité des murailles ; mais en échange elles font garnies de tableaux
des meilleurs Maîtres de
l'Europe, & de belles car-
tes Geographiques. Tous les
devans des maifons font vi-
trez , comme le font en
France les boutiques des
Perruquiers ; avec cette difference, que celles de Hollande font prefque toutes
glaces de Venife, qu'on lave
une ou deux fois la femaine ;
& que celles de France font
fort groffieres & mal entre-
tenuës.

Au mois de Mai il n'y a
point de femme, de quelle
qualité qu'elle foit , qui ne

lave ou fasse laver sa maison, depuis le grenier jusqu'à la cave, & fourbir avec du sable generalement tous ses meubles, jusqu'aux vieux manches à balais. Outre cette revûë generale, elles font laver tous les Samedis les endroits de la maison qui sont frequentez ou habitez, de même que la ruë, chacun au devant de soi. Lorsque tout est bien lavé, on séche le pavé avec des linges; & si quelqu'un vient dans ce tems-là pour entrer dans la maison, il faut qu'il quitte ses souliers, ou qu'il prenne des sandales qu'on lui presente, pour ne pas salir le pavé. Cette propreté paroît jusqu'à la batterie de cuisine; & même à la cremaillere, qui

est aussi luisante que si l'ou-
vrier venoit de la polir. Les
chauderons & les marmites
sont aussi clairs au dehors
qu'en dedans ; mais parmi
cette grande propreté, on
blâme les Hollandois de ce
qu'ils en manquent au manger ; car ils ne se servent
point de fourchettes, & n'o-
seroient sécher leurs doigts à
leur serviette, crainte de paf-
ser pour salopes ; mais il y
a un linge bleu dont chacun
se sert tour à tour pour se
sécher la bouche & les
mains, le pelotant les uns
les autres, comme qui joüe
à la paume.

Au reste, cette maniere
de laver les maisons & les
rües, est plus commode &
plus necessaire en Hollande

qu'ailleurs , parce que les
maisons ont chacune une
pompe qui leur fournit de
l'eau tant qu'elles en ont
besoin. Les bâtimens y sont
construits de maniere, que
les eaux s'écoulent dans la
ruë qui est faite en talus, a-
fin qu'elle se jette dans le
canal qui la traverse, y aïant
de chaque côté un grand
quai avec une allée de tillots. A l'égard de la neces-
sité de laver, il faut remarquer que l'humidité y est si
grande, qu'elle engendre
beaucoup de vermine dans
les maisons ; que tous les
meubles des endroits bas se
moisissent au bout de cinq
à six jours ; & cependant on
n'habite presque point le
haut, qui d'ordinaire est re-

ſervé pour les magaſins ; un
Hollandois prenant plus de
ſoin de ſon bien que de ſa
ſanté.

    Je n'ai pas vû d'endroit où
il y ait de ſi gros impôts
qu'en Hollande ; & cepen-
dant le Peuple les païe ſans
murmure & avec aſſez de
facilité, à cauſe du gain con-
ſiderable que chacun fait
dans ſa Profeſſion. Je n'en-
treprendrai pas de donner
un état des differentes ſortes
de Gabelles qu'on y leve ; je
dirai ſeulement qu'il n'y a
point de vache de neuf ans,
qui étant venduë ſoixante
livres, n'en ait païé plus de
ſoixante-dix à l'Etat ; qu'on
ne ſert point de plat de vian-
de ſur une table, qui n'ait
païé plus de vingt ſortes

d'impôts; & qu'il n'y a point de gueux mandiant son pain toute l'année, qui ne rapporte plus de vingt écus à l'Etat, par les droits qu'on prend sur le pain, sur la bierre ou sur les autres danrées qu'il consume. Chaque Domestique païe six livres par année. Le papier timbré y étoit établi avant que de l'être en France, mais d'une maniere differente; car le timbre se païe à proportion de la consequence du contract : Il y a des feuilles qui coûtent plus de cinquante écus, & la moindre est de trois sols & demi. Pendant la guerre on fait païer aux Habitans le deux-centiéme denier de tous leurs biens; mais ceux qui n'ont pas deux

mille livres en capital en
font exemts. Dans ce tems-
là on peut eftimer un homme malheureux, qui aura
tout fon bien au Soleil ; car
ce deux-centiéme denier fe
païe auffi fouvent que la
neceffité des affaires de l'E-
tat le requiert.

Lorfque les eaux font ge-
lées, & que les bateaux ne
peuvent plus aller d'une
Ville à l'autre, les Hollandois ne laiffent pas de voia-
ger à la faveur de certains
traîneaux que des chevaux
tirent fur la glace ou fur la
nege, avec lefquels ils tranf-
portent leurs danrées. Ceux
qui ne veulent pas fe mettre
dans ces traîneaux, fe fer-
vent de patins, qui font des
inventions de bois, avec une

langue d'acier qu'on met fous les fouliers, avec lefquels on gliffe avec tant de viteffe, qu'on peut faire fix lieuës en moins d'une heure & demie, fans fe fatiguer. Les Meffieurs & les Dames de qualité ne font pas difficulté de s'aller promener fur les canaux avec ces fortes de patins, où une infinité dé fpectateurs fe rendent pour rire aux dépens de ceux qui tombent ; ce qui arrive trés-fouvent. Le divertiffement augmente, lorfque plufieurs gliffeurs fe tenant quëuë à queuë, le premier venant à tomber, tous les autres fuivent ; & ce mêlange d'hommes & de femmes, de filles & de garçons, de Dames & de païfans, tous les uns fur

les

fur les autres, eft un fpecta-
cle fort divertiffant.

Il y a plufieurs fortes de
Religions permifes en Hollande, principalement à Amfterdam, où l'on en voit plus
de trente fortes, quoiqu'elles
n'aïent pourtant pas toutes
libre exercice. Les Catholiques y avoient de trés-belles
Eglifes, mais les Proteftans
s'en emparerent aprés qu'ils
eurent fecoüé le joug d'Efpagne, auffi bien que des revenus des Ecclefiaftiques : Ils
n'y ont prefentement que
des Chapelles dans des maifons particulieres, où ils e-
xercent leur Religion affez
tranquillement depuis la Paix
de Nimegue. Les Arme-
niens, les Anabatiftes, les
Lutheriens & les Juifs y ont

aussi libre exercice de leurs
sectes. Ces derniers ont deux
belles Synagogues à Amsterdam , qu'ils appellent leur
nouvelle Jerusalem, & une
autre à Rotterdam ; mais il
faut être Calviniste pour
pouvoir aspirer aux Charges
publiques ; cependant plusieurs y sont parvenus dont
les sentimens étoient bien
opposez ; mais cela s'est fait
ou par inadvertance ou sans
consequence.

J'ai parlé dans le quatriéme Volume de ces Voiages,
page soixante-huit, de la se-
cte des Multiplians nouvel-
lement établie ; j'y renvoïe
ceux qui voudront être
mieux informez de cette a-
bonimable Religion. Il s'y
forme tous les jours de nou-

velles opinions, par la tole-
rance qu'on y a pour toute
ſorte de creances ; les Magiſtrats ne demandant que de
bons & fideles Citoïens, ſans
ſe formaliſer s'ils ſont bons
Religionaires.

Quand dans ce Païs au
        niveau,
Dont la terre en peril, eſt plus
        baſſe que l'eau,
   Ie vis trente Villes ruſtiques
Former un ſeul Etàt d'autant
        de Republiques,
   Où chacun eſt maître chez
        ſoi ;
Ce Peuple me parut, dans
        ces lieux aquatiques,
Vn reſte libertin des grenouil-
        les antiques
   Qui ne voulurent point de
   Roi.

La terre avare à leur égard,
Ne leur va faire aucune
 part
De ces biens, dont ailleurs on
 la trouve remplie ;
Et cependant ces bonnes gens
Ont tant fait par leur indu-
 strie,
Qu'ils ont abondemment les be-
 soins de la vie,
En dépit des quatre elemens.

L'Etat est si chargé de det-
 tes,
Et les Sujets d'impôts, ces ef-
 froïables bètes,
Qu'assurement c'est à bon
 droit
Que le sage Etranger s'étonne
Que l'un puisse païer tous les
 ans ce qu'il doit,
Et l'autre donner ce qu'il
 donne.

Quoiqu' on dise de leurs é-
pouses,
Menageres & trop jalouses,
Parmi les deffauts qu' elles
ont,
L'amour n'est pas un de leurs
vices;
Mais les filles à leurs amans
propices,
Sont communément les nour-
rices
Des enfans que les femmes
font.

Sans faste & sans magnifi-
cence,
Contans d'une agreable &
simple liberté,
On voit ce qui ne peut ailleurs
être imité,
Et qui passe toute croïance:
Les richesses sans vanité,
La maltôte sans pauvreté.

Chacun y croit ce qu'il luï
  plait,
Et peut paroître tel qu'il eſt,
Sans craindre, en s'expliquant,
  la cenſure publique ;
Et l'exacte ſoûmiſſion
Au Gouvernement politique,
Eſt la ſeule Religion
Dont on exige la pratique.

CHAPITRE VII.

Du Commerce des Hollandois aux Indes & ailleurs.

LE commerce des Hollandois eſt ſi étendu, qu'on peut dire qu'il n'a d'autres bornes que celles que le Tout-puiſſant mit au monde lors de la création ; du moins eſt-il certain qu'il n'y a point de Mer ni de Terre habitée où les Hollandois n'aïent commercé ; & même nous leurs avons obligation d'une infinité de belles découvertes qu'ils ont

Commerce.

faites dans le nouveau Monde.

La Hollande est la mieux située de l'Europe pour le commerce : Elle est environnée de Mers, & entrecoupée de Rivieres qui facilitent sa navigation. Son air grossier & son climat froid, portent les Habitans au travail; & ce n'est pas sans raison qu'on a remarqué, que les Peuples du Midi sont beaucoup plus effeminez & plus paresseux que ceux du Septentrion.

Pêche du harang. La pêche du harang est si considerable, que quelques-uns l'ont appellée *la mine d'or de la Hollande*. Cette pêche se fait sur les côtes d'Angleterre : Au mois de Juin il part au moins sept à huit cent Barques de la Meuſe, qui vont à cette pê-che, & jettent ordinairement leurs filets en Mer la veille de la ſaint Jean. Depuis qu'on a trouvé le ſecret de les ſaler, on en porte une quantité prodigieuſe dans toutes les parties du Monde. Ce fut Guillaume Bueckeld qui mourut à Biervliet en mil trois cent quarante-ſept, qui trouva ce ſecret ; & pour éterniſer ſa memoire, les Hollandois lui érigerent un Tombeau que l'Empereur Charles V. honora un jour de ſa preſence. Vers la fin de l'été, lorſque les harangs viennent vuider leurs œufs ſur les côtes, on en prend une ſi grande quantité, que j'ai vû en bailler cent pour un ſol.

Il y a plusieurs Compa-
gnies établies pour le commerce étranger ; les uns pour
aller pêcher des baleines sur
les côtes de Groenland, les
autres pour aller querir des
bleds , du cuivre , du godron, du fer , des mâts, des
fourrures, &c. de Moscovie,
de Pologne , de Suede , de
Dannemarck & de Norve-

ge : Les autres vont en Portugal, en Espagne, en France , en Italie & au Levant,
prendre des laines , des fruits,
des vins , eau-de-vie , poils
de chevre pour les came-
lots, & les autres marchandises qu'on y trouue, où ils
portent en échange leurs
draperies, leurs toiles , leur
beurre , leur fromage , leurs
poissons salez , les épiceries

& les autres marchandiſes qu'ils tirent des Indes.

Quelque grand que ſoit le trafic de ces Compagnies, il n'y a rien qui approche de celui des Compagnies des Indes , qui à main armée & ſous la protection des Etats Generaux , exercent leur commerce dans l'O‑rient & dans l'Occident.

La Compagnie des *Petites Indes* eſt celle qui fait le commerce des Indes Occi‑dentales ; elle eſt nommée des Petites Indes, parce qu'‑elle n'eſt pas ſi puiſſante que celle des Indes Orientales. Leur foibleſſe vient de ce que les Portugais ſe ſont trou‑vez plus forts dans l'Ame‑rique que les Hollandois ; & d'ailleurs, parce que les In‑

tereſſez à la grande Compagnie, jaloux de l'établiſſement de celle-ci, depuis la conquête qu'ils firent de la Baïe de tous les Saints, & de la priſe de la Flote d'argent en mil ſix cent vingt-neuf, ont fait tout ce qu'ils ont pû ſous main, pour la ruïner; outre que les guerres ont beaucoup interompu ſon commerce, & qu'elle ne s'eſt pas trouvée en état de mettre de fortes eſcortes en Mer comme l'autre : A quoi on peut encore ajoûter, que les établiſſemens que les autres nations de l'Europe ont faites en Amerique, n'ont pas fait du bien au leur.

Quant à la Compagnie des Indes Orientales, que

d'autres nomment les Grandes-Indes, elle est composée de cinquante-six Marchands qui se sont associez lors de l'établissement de cette Compagnie, où qui y ont été incorporez par la suite. Elle ressemble à une puissante Republique, aïant plusieurs Rois tributaires, plus de trente mille hommes à sa solde, & cent cinquante Vaisseaux de Guerre. Elle se vante d'avoir conquis plus de lieuës de Païs, qu'il n'y a d'arpens de terre en Hollande. C'est elle qui fait redouter le nom Hollandois aux Peuples de l'Orient qu'ils dépoüillent de leurs richesses les plus exquises, comme les diamans, les perles, l'or, l'argent, l'yvoire, le cuivre rouge, le poivre, la muscade, la canelle, le gingembre, le gerofle, la soïe, & quantité d'autres marchandises qu'elle porte en triomphe en Hollande, d'où elle les disperse à tous les Etats voisins.

Ils envoïent tous les ans en tems de Paix, dix à douze grands Vaisseaux en ce Païs-là, chargez des marchandises d'Europe, propres pour les Indiens, & il en revient un pareil nombre, avec les marchandises & les danrées qu'on ramasse dans tout l'Orient, & sur lesquelles les Hollandois sont assûrez de faire un gain considerable. Ils y ont quantité de forteresses qu'ils y ont bâties depuis environ quatre-vingt

ans. En mil six cent dix-
sept ils y en porterent une
toute de pierre de taille,
qu'on avoit preparée à Amsterdam. Ils avoient eu per-
miſſion du Roi de Bantam,
de faire une loge avec des
planches pour y mettre les
marchandiſes qu'ils appor-
toient d'Europe, & y aſſem-
bler celles qu'ils achetoient
dans ſes Etats & dans le Païs
voiſin. Ils avoient leſté leurs
Vaiſſeaux en differens voiages, des pierres qu'on avoit
taillée pour faire une citadelle, qu'on mettoit dans la
loge à meſure qu'on les dé-
chargeoit, étant toutes bien
embalées. Lorſque tout y
fut, & qu'on eut mis en
œuvre toutes ces pierres, &
du canon par tout, les Hol-

landois abatirent la nuit les planches dont leur forteresse étoit revêtuë. Le lendemain les Indiens furent fort surpris de ce changement ; le Roi même avoit de la peine à s'imaginer comment cela avoit pû se faire ; & comme il vouloit le choisir pour son logement, les Hollandois lui répondirent qu'ils n'avoient pas de pareils ordres de leurs Maîtres ; & le bruit du canon acheva de persuader à ce pauvre Prince, que ce bâtiment n'avoit pas été fait pour lui.

Cette Compagnie est fort puissante dans l'Isle de Java, dont ils se sont rendus entierement les maîtres. L'Empereur de Materan a remis aux Hollandois les Villes de Japara

Japara & de Cheribam, les
deux meilleures Places de ses
Etats, l'une à vingt & l'autre à soixante lieuës de Batavia, à cause que les Hollandois lui avoïent donné du
secours contre deux de ses
freres, qui lui disputoient
l'Empire. Ils sont aussi les
maîtres dans l'Isle de Sumatra, où ils ont le Fort de
Padan, & des établissemens
à Palimban & à Iambi.

Ils ont six Gouvernemens
generaux aux Indes, où ils
sont entierement Souverains.
Le premier s'étend sur la
côte de Coromandel, dont
la Capitale est Palicare. Le
second est l'Isle d'Amboine,
une des grandes Moluques,
qui a Victoria pour sa Capitale. Le troisiéme, l'Isle de

Banda , d'où l'on tire la
muscade. Le quatriéme, l'Isle
de Ternate, dont Gamalame
est la Capitale ; c'est une
des petites Moluques. Le cinquiéme , l'Isle de Ceilan ,
qui a pour Capitale la Ville
de Colombo : Et le sixiéme
est dans la presqu'Isle de
l'Inde, qu'on nomme Mala-
ca.

Outte ces six Gouverne-
mens generaux , il y a
des Gouverneurs particu-
liers qu'on appelle Com-
mandeurs, dont les principaux sont ceux du Cap de
Bonne - Esperance , de Ma-
cassar dans l'Isle de Cele-
bes, Padam, Andragiri dans
l'Isle de Sumatra , Timor,
une des petites Moluques,
Cochin & plusieurs autres.

Ils ont aussi des comptoirs ou des établissemens dans plusieurs endroits, comme à Ispaham & à Gaumaron en Perse, à Surate, à Agra & à Amadabat, dans les Etats du Grand-Mogol ; à Banka, à Siam, à Ligor, au Japon, &c.

Il ne se fait rien dans ces Gouvernemens ni dans ces Colonies, que par les ordres du Conseil de Batavia, Capitale de tous les Païs que les Hollandois possedent aux Indes. Ce Conseil est composé du General , qui ne fait qu'ordonner , & ne rend point de compte ; du Directeur general , qui a tout le maniement, dont il rend compte ; de six Conseillers ordinaires , & de

quelques Conseillers extraordinaires , dont le nombre
dépend de la Compagnie
qui réside toûjours en Europe.

Le Conseil donne toutes
les Charges & les Gouver-
nemens , en attendant la
confirmation de la Compa-
gnie, qui approuve ordinairement le choix du Conseil.

Le General n'est pourvû
de cette Charge que pour
trois ans ; mais on le conti-
nuë ordinairement pour toute sa vie, afin de ne pas enrichir un homme tous les
trois ans. Il a treize cent é-
cus d'appointement tous les
mois , outre que sa Maison
est entretenuë aux dépens
de la Compagie , & qu'il a
une clef des Magasins, où il

peut prendre ce que bon lui femble. Il ne fort jamais de fon Palais, qu'il n'ait cinquante Gardes à cheval devant fon caroffe, une Compagnie d'Infanterie derriere, & douze Pages aux portieres. Lorfqu'il donne Audience aux Ambaffadeurs des Princes Indiens, il le fait avec beaucoup de fafte.

Outre le Confeil Souverain, il y a un Confeil de Juftice, compofé du Prefident, d'un Vice - Prefident & de douze Confeillers. Il juge fans appel tous les Procés Civils & Criminels, & a le pouvoir de condamner à mort le General même, s'il étoit convaincu de trahifon. Je croi que le re-

PROV.
UNIES.

cit que je viens de faire,
suffit pour donner une haute idée de la puissance des
Hollandois dans les Indes.

CHAPITRE VIII.

De la Ville d'Amster-
dam.

AMSTERDAM, que son ori-
les Latins nomment gine.
Amstelodamum, est une Ville si belle, si riche & si
puissante, qu'on ne fait pas
difficulté de la nommer un
miracle & la perle des Villes du Monde. Elle tire son
nom de la petite Riviere de
l'Amstel, qui se jette dans
le bras de la Mer qu'on
nomme le They, qui forme
le Port d'Amsterdam. On
trouve que son origine é-
toit un Chasteau que Gisel-

bert Seigneur d'Amstel a-
voit fait fortifier sur le bord
de cette Riviere en mil deux
cent quatre. Plusieurs pê-
cheurs qui n'avoient que
des cabanes de chaume, bâ-
tirent quelques maisons à
l'abri de ce Château ; de
maniere qu'il s'y forma un
Village, qui insensiblement
devint un gros Bourg, à
qui le Comte Florant IV.
accorda des Privileges en
mil deux cent trente-cinq.
Cela y attira de nouveaux

Habitans, qui quelque tems
aprés donnerent le nom de
Ville à ce Bourg, qu'on appella Amsterdam, du nom
de la Riviere qui la bordoit,
& du mot de Dam, qui si-
gnifie campagne.

Cette petite Ville fut unie

à

à la Comté de Hollande, à
qui le Comte Guillaume IV.
donna de nouveaux Privileges en mil trois cent quarante-deux, qu'Albert de Ba-
viere confirma ensuite, &
donna aux Habitans le pouvoir d'agrandir la Ville. La
situation, le commerce &
le soin de ses Citoïens la
rendirent fort considerable.
Comme elle n'étoit encore
enceinte que de palissades,
on ajoûta des pointes d'acier
aux bois qui la fermoient;
mais en mil quatre cent quatre-vingt-deux on l'entoura
de murailles de briques. Elle
a encore été agrandie plusieurs fois depuis ce tems-là;
de maniere qu'on n'y voit
aucune marque de sa pre-
miere misere. Sa grandeur

PROV.
UNIES.

ne marque aucuns vestiges de sa fondation, & ses maisons ressemblent bien moins à des cabanes qu'à des Palais ; mais ce qui est de plus surprenant, c'est que toutes ces maisons, plus de quatre cent ponts de pierre, dix à douze grandes tours & plusieurs grands édifices publics, soient bâtis sur pilotis, à cause que le terrain limoneux ne peut point supporter de fondemens. De tems en tems on visite ces pilotis, pour en mettre de nouveaux ; car si l'on attendoit qu'ils fussent pourris, le fardeau du bâtiment les feroit écraser.

La Riviere de l'Amstel traverse la Ville d'un bout à l'autre, & se va joindre au They sous la Bourse, qui est

l'endroit où les Marchands
s'assemblent tous les jours :
ce grand édifice étant tout
voûté, de maniere que les
grandes Barques y passoient
autrefois chargées ; mais
comme il y en est péri plusieurs, tant à cause de l'ob-
scurité, que de la violence
dont l'eau les portoit lors
qu'on lâchoit l'écluse, on a
fait fermer ce passage avec
de grandes grilles, qui ne
laissent d'ouverture que pour
le passage de l'eau. L'eau de
cette Riviere & celle du
They se communiquent à
plusieurs autres canaux qu'on
a pratiquez dans la Ville,
pour la commodité des Ha-
bitans, qui font porter leurs
marchandises dans des Barques jusqu'au devant de leur

porte. Les principaux ca-
naux sont ceux du Rokin,
du Cingle , des Seigneurs,
de l'Empereur & du Prince,
qui font presque le tour de
la Ville, y en aïant plusieurs
autres qui traversent pour
communiquer des uns aux
autres ; & ceux-là s'appellent *Burg-Wal*, qui forment
plusieurs Isles. Les plus bel-

Ses ruës. les ruës sont celles de War-
moestraet, Nez , Zeedick,
Breestraet , Calvestraet ,
Niewedick , &c.

Quelque grande & puis-
sante que soit cette Ville,
elle ne tient pourtant que le
cinquiéme rang dans l'Af-
semblée des Etats de la Province , bien qu'elle seule
fournisse plus que toutes les
autres ; cela vient de ce

qu'elle fut des dernieres qui
abandonnerent la Religion
Romaine, & le parti du Roi
d'Espagne : Car quoique
l'Union d'Utrecht eût été
faite en mil cinq cent soixante dix-neuf, Amsterdam
ne se rendit au Prince d'O-
range que huit ans aprés,
je veux dire en mil cinq
cent quatre-vingt-sept ; aïant
auparavant chassé à diverses
fois les Ministres Calvinistes, & tous ceux qui pro-
fessoient la nouvelle Religion. Lorsqu'ils capitulerent
avec le Prince d'Orange, ce
ne fut qu'à condition qu'on
n'y feroit aucun changement
au Gouvernement, & que
les Catholiques y auroient
même liberté & même exer-
cice que les Protastans ; mais

N iij

ces promesses n'eurent aucun effet : Car dés que les
Liguez y furent entrez , on
en chassa les Ecclesiastiques
& les Religieux ; on se saisit
de leurs Eglises , on démo-
lit les Autels , on brisa les
Images , & on y fit cesser
l'exercice de la Religion
Catholique , qui cependant
y resta comme cachée pen-
dant prés de soixante ans ;
mais enfin elle y est fort to-
lerée presentement : car lors
que j'étois à Amsterdam, il
y avoit quatre-vingt-deux
endroits où l'on disoit la Mes-
se publiquement ; mais ce
ne sont qu'à des petites Chapelles dans des maisons particulieres , où le Magistrat
permet cet exercice moïennant un tribut annuel.

On détruifit une partie des
Eglifes ; les autres fervirent
de Temples aux Calviniftes,
qui en diftribuerent quel-
ques-unes aux Lutheriens &
aux Proteftans François &
Anglois. Celle de faint Pierre, qui étoit la principale,
fert prefentement de bou-
cherie. Les Flamans jouïf-
fent de celle de faint Nicolas, qu'ils appellent la vieille
Eglife, où il y avoit autrefois trente-trois Autels ; de
même que celle de fainte
Catherine fur le Dam, qu'on
nomme nouvelle Eglife, où
il y avoit auffi trente-quatre
Autels qui ont tous été dé-
molis. La Chaire du Predica-
teur de ce Temple, a coûté
plus de vingt-cinq mille écus,
étant toute d'Architecture,

N iiij

qui represente les principales Histoires du Vieux & du Nouveau Testament. Il y avoit dans le dernier siecle dix-sept Monasteres de filles & plusieurs d'hommes. Le Monastere des Religieuses de sainte Claire fut changé en une prison l'an mil cinq cent quatre-vingt-quinze, qu'on appelle *Tuchthuisen*, & dans d'autres Villes *Rasphuisen* : C'est où l'on met les garnemens, les gueux de profession & les criminels qui ont merité quelque châtiment moindre que la mort; & ces maisons tiennent lieu de Galere pour châtier les mal-faiteurs. La même année on y établit une semblable maison pour enfermer les filles & les femmes

de mauvaise vie. Pendant le
tems de la Foire il est permis à tout le monde d'en-
trer dans ces maisons, pour
voir la miserable condition
où la méchante conduite de
ces gens-là les a precipitez.

En mil cinq cent quatre-
vingt-treize on commença
d'agrandir la Ville : La porte de Harlem fut reculée
cent pas en dehors, & les
autres quartiers de la Ville
à proportion. L'an mil six
cent un elle fut agrandie
pour la troisiéme fois, du
côté d'Orient. En mil six
cent douze, le Magistrat
voïant que la Ville ne pouvoit plus contenir la multitude de Peuple qui s'y refu-
gioit des Provinces de Flandre & des autres endroits

que la guerre affligeoit, re-
solut d'élargir encore leur
Ville. On commença par la
porte de Harlem, qui fut
poussée six cent pas en dehors; & les années suivan-
tes cet élargissement fut
continué, & Amsterdam a-
grandie de plus de la moitié
depuis qu'elle avoit secoüé
le joug d'Espagne : Mais en
mil six cent soixante-quinze
elle fut encore agrandie de
plus de la moitié, & mise
dans le lustre & dans la per-
fection qu'on la voit aujour-
d'hui. Elle est enceinte de
bonnes murailles & de grands
fossez, avec quantité de ba-
stions munis de bonne artil-
lerie. Voila de quelle maniere cette Ville s'est accrüe
en si peu de tems. Elle est

PROV.
UNIES.

préfentement plus grande
que Paris; mais il n'y a pas
tant de monde, les Rivieres
& les canaux en occupant
une grande partie; & d'ail_
leurs les maifons n'y font
pas (, comme à Paris) con-
ftruites d'une maniere à lo-
ger plufieurs menages; on
n'y habite prefque que le
plein-pied, le haut étant re-
fervé pour des magafins.

Pefthui-
fen.

Il y a environ trente ans
qu'on fit bâtir aux dehors de
la Ville, une belle maifon
pour les peftiferez, qu'on
nomme *Pefthuifen* : Elle eft
dans les marais fur la droite
lorfqu'on va d'Amfterdam
à l'Overton : On n'y a rien
épargné pour la rendre lo_
geable & agreable. Il y a
trois cent foixante-cinq fe_
nêtres.

En mil six cent quarante-huit on commença à jetter les fondemens de ce superbe Hôtel de Ville, dont la beauté & la richesse font la surprise de tous les Etrangers. Quoique je l'aie vûë plus de cinq cent fois pendant plusieurs années que j'ai séjourné à Amsterdam, je puis dire que j'étois aussi surpris la derniere fois que la premiere, y trouvant toûjours de nouveaux sujets d'admiration ; quelqu'exacte qu'en fût la description que j'en pourrois faire, elle n'approcheroit pas de ce qu'il en est. En un mot, la seule Maison de Ville d'Amsterdam merite que les Etrangers aillent en Hollande pour la voir.

La premiere pierre y fut
mife par Meffieurs les Bourg-
meftres Pancras, de Graf,
Valkenier & Schaep, le
vingt-huit Novembre mil
fix cent quarante-huit, l'année que la guerre des Provinces-Unies avec le Tres-
Puiffant Philippe d'Efpagne,
prit fin par la Paix de Munfter, aprés avoir duré quatre-vingt ans. Le Senat y tint
fa premiere Seance le vingt-
trois Avril mil fix cent cin-
quante-cinq, quoiqu'il n'y
eût point encore de couvert.
Il y a fept portes moïennes
par où on y entre au plus
trois perfonnes de front, qui
conduifent à un grand degré
de marbre qui fe fepare à
droite & à gauche, pour
monter dans les Chambres

hautes. Cette entrée est or-
née de trois Statuës de bronze , qui représentent la Justice , la Force & l'Abondance ; & d'un tableau de
marbe, où est en relief une
femme qui soûtient les Armes de la Ville , avec un
Neptune, des Lions, des Li-
cornes , & quelques figures
de Heros. Au-dessus de cet
Hôtel s'éleve une tour en
forme de dôme, où il y a
un orloge avec un carillon
qui fait une fort belle har-
monie à toutes les heures,
demi-heures, quarts & demi-
quarts. Sur la face qui regarde l'Occident, au dessus
du couvert , on voit un A-
thlas qui soûtient un globe
d'airain sur ses épaules : Les
curieux peuvent aller dans

ce globe en paſſant à travers du corps d'Athlas, où
il y a de petites jalouſies
par leſquelles on découvre
toute la Ville; mais l'on n'y
laiſſe monter perſonne lors
des grandes chaleurs , de
peur qu'on n'y étouffe.

Le dedans répond à la
beauté & à la magnificence
des dehors de cette maiſon,
qui eſt toute de pierre de
taille , bâtie en pavillon ſur
des pilotis. Dans le bas ſont
d'un côté les priſons, d'où
aucun priſonnier ne s'eſt jamais ſauvé : On ne peut pas
dire que cet endroit ſoit
beau ; car ce ſeroit faire
mentir le Proverbe qui dit,
qu'il n'y a jamais eu de belles priſons. De l'autre côté,
ſous des voûtes, eſt ce fa-

meux trefor qu'on appelle Banque d'Amfterdam, dont jé parlerai plus bas. Lors qu'on a monté au premier étage, on voit une grande falle pavée de marbre, fur lequel on a gravé la Mapemonde, marquant avec des petites lames de cuivre la feparation des Roïaumes & des Provinces , les montagnes, les bois & les Rivieres, les longitudes, latitudes, les cercles, les douze Signes du Zodiaque ; le tout dans leur couleur naturelle. Il y a une autre carte auffi fur le marbre , où font reprefentées toutes les conquêtes des Hollandois dans les Indes. Il y a lieu de craindre que ce bel ouvrage ne fe gâte bientôt , à caufe d'une infinité

de

de Peuple qui le foule tous les jours aux pieds en ſe promenant dans cette ſalle.

Pour la facilité & l'expedition des affaires, le Senat nomme pluſieurs Commiſſaires pour rendre la Juſtice dans les differentes affaires qui ſurviennent; & chacun de ces Commiſſaires a ſon appartement particulier dans l'Hôtel de Ville, pour donner audience au Peuple. Il y en a qui prennent connoiſſance des difficultez qui ſurviennent pour le commerce ſur Mer; d'autres pour le commerce du Nort, d'autres pour celui d'Italie, d'autres pour les affaires Criminelles, d'autres pour les Civiles, pour les querelles, pour les obligations, pour les discutions, pour les banqueroutes & pour les mariages : Car il faut remarquer que tous les mariages se contractent devant les Commissaires du Senat ; & l'on ne se sert de Notaire, que lorsqu'on veut faire des articles particuliers. Ceux qui font Profession de la Religion Calviniste sont fiancez par ces Commissaires, leurs bans publiez dans tous les Temples de la Ville, & ensuite épousez par leurs Ministres. Mais il n'en est pas de même à l'égard des Catholiques, ou de ceux qui font Profession de quelqu'unes des Sectes qui ne font que tolerées ; car non seulement ces Commissaires les fiancent comme les autres, mais ils publient eux-mêmes leurs bans pendant trois Di- manches, y aïant un Secre- taire qui en fait la lecture à une fenêtre de l'Hôtel de Ville qui répond sur la gran- de Place , où le Peuple a été assemblé au son de la cloche. Lorsqu'ils veulent être épousez , ils paroissent devant ce Magistrat qui les épouse publiquement ; mais cela ne vous empêche pas de faire ratifier ce mariage par un Prêtre ou par un Mi- nistre.

Avant de sortir de l'Hôtel de Ville, il faut dire un mot de la Banque d'Amsterdam, qui passe pour le plus riche tresor du monde. Elle est placée sous une grande voû- te de la Maison de Ville.

O ij

fermée de plusieurs portes &
de plusieurs serrures. On
prend toutes les precautions
imaginables pour la tenir en
sûreté, & on ne l'ouvre jamais qu'en presence d'un des
Bourgmestres ; c'est pour-
quoi personne ne sçait au
vrai à quoi peuvent monter
les richesses qui y sont en-
fermées. On y voit quantité
de vaisselle, des barres d'or
& d'argent, une nfinité de
sacs remplis d'especes mon-
noïées. C'est un dépôt general où tout le monde porte son argent, parce qu'on
l'y croit plus en sûreté que
chez soi ; & ce sont les Bil-
lets qu'on en tire qui font
les païemens les plus ordinaires des Marchands, personne ne faisant difficulté de

les prendre pour argent comptant. Il faut remarquer que la Banque ne païe point d'interêt à ceux qui y mettent leurs deniers ; ce qui fait un profit considerable à la Ville, qui par ce moïen peut commercer l'argent des Particuliers : Car comme il y en a beaucoup qui ont de la peine à trouver à l'emploïer sûrement à deux ou deux & demi pour cent de profit, à moins de l'emploïer en marchandise ou à la navigation, bien des gens qui ont de fort grosses sommes, aiment mieux les mettre dans la Banque, que de les garder chez eux.

Autrefois les Armes d'Amsterdam étoient un Navire sans gouvernail ; mais le

Comte Guillaume de Hainaut lui en donna de nouvelles, qui font d'or au pal de gueules, chargé de trois fautoirs d'argent, en mil trois cent quarante-deux : Et en mil quatre cent quatre-vingt-huit l'Empereur Maximilien, en reconnoiflance d'une fomme confiderable que la Ville lui avoit prêtée, & qui n'a jamais été renduë, couronna fes Armes d'une Couronne Imperiale. Le Pere Meneftrier a fait une remarque au fujet de ces Armes, qui a paru affez jufte à ceux qui ont vû la Ville d'Amfterdam : Il dit que le pal fignifie la chauffée de l'Amftel, & que les fautoirs marquent les levées & les Digues.

Proche l'Hôtel de Ville on

a jetté les fondemens d'une
grande tour à jour, soûtenuë
par quatre piliers; mais on
ne l'a pas continuée, n'aïant
été élevée qu'environ douze
toises. Quoique cette tour
n'ait qu'environ cent pieds
de diametre, on n'a pas laissé
de mettre en terre six mille
trois cent trente-quatre pilotis ou grands arbres, pour y
poser les fondemens. Cela
paroîtra étonnant à ceux qui
n'ont pas vû de la maniere
dont on bâtit à Amsterdam;
mais quelque grande que soit
leur surprise, la chose n'est
pas moins veritable; & sur
cet échantillon, on peut juger de la quantité prodigieu-
se de bois qu'il a falu em-
ploier pour bâtir tous les é-
difices & tous les Palais de

cette superbe Ville.

Proche de cette tour on voit l'Eglise de sainte Catherine qui fut brûlée en mil six cent quarante-cinq, mais qui a été rebâtie du depuis. On l'appelle presentement la nouvelle Eglise. C'est dans ce Temple où l'on voit cette Chaire dont j'ai parlé, qui a coûté vingt-cinq mille écus de façon. On y peut encore voir le Tombeau de l'Amiral Vangalen, que l'Amirauté d'Amsterdam, par ordre des Etats Generaux, a fait ériger pour éterniser la memoire d'un homme qui avoit rendu de grands services à la Republique. Le quatorziéme Mars mil six cent cinquante-trois il rencontra à la vûë de Livourne une Es-

cadre

eatre de Vaiſſeaux Anglois, qu'il attaqua & défit entierement ; mais ſa victoire lui coûta la vie, car il mourut neuf jours aprés, d'un coup de canon qui lui avoit emporté une jambe.

On voit l'Amiral couché ſur un lit d'honneur, aïant ſon caſque à ſes pieds. Sa main gauche repoſe ſur ſa poitrine, tenant une medaille d'or : Il a un bâton de Commandement à la droite. L'Epitaphe eſt entrelaſſée par deux rameaux de triomphe, aïant au-deſſus une couronne marine, & les Armes des Provinces-Unies. On voit à ſes côtez toutes ſortes d'armes, & au bas ſon dernier combat. Tout l'ouvrage eſt de marbre, admirable-

ment bien travaillé. Au bas
du Tombeau il y a des Vers
Flamans, dont voici la traduction.

> Celui dont tu vois le Tom-
>   beau
> Etoit un Heros formidable,
> Qui, par un prodige nou-
>   veau
> Et qui n'a guere de sembla-
>   ble,
> Se signala si fort, & montra
>   tant de cœur
> Dans sa premiere Campagne,
> Qu'il devint par-là la ter-
>   reur
> Et l'effroi de toute l'Espa-
>   gne.
> Toûjours grand, toûjours fort
>   au milieu des assauts ;
> Il prend sur l'Anglois des
>   Vaisseaux,

*En coule à fonds, en brûle
    une partie:
Livourne tu le sçais ; car ce
    fut à tes yeux
Que ce donna ce choc prodi-
    gieux,
Qui le fit admirer de toute
    l'Italie.*

Dans le Chœur de cette même Eglise on voit un autre Monument de marbre, qui n'est pas moins suprebe que celui dont je viens de parler. Les Etats des Provinces-Unies l'ont fait ériger des deniers publics, à la memoire de Michel Adrien de Ruiter, qui nâquit à Flessingue le vingt-quatre Mars mil six cent sept, d'un pere & d'une mere fort pauvre. A l'âge de sept à huit ans il se mit sur un Vaisseau pour marmiton. Quelques années ds. navigation le rendirent capable d'occuper une place de matelot : Il devint ensuite Pilote, puis Capitaine de Vaisseau, Chef d'Escadre, Vice-Amiral, & enfin grand Amiral des Provinces-Unies. L'experience qu'il avoit faite sur Mer pendant environ soixante ans, l'avoit rendu dans la Marine le plus habile homme de son siecle. Il se signala sur l'Ocean & sur la Mediterranée par une infinité d'actions glorieuses. Il mourut dans le Port de Siracuse en Sicile, le vingt-neuf Avril mil six cent soixante-seize, de la blessure qu'il avoit reçûë devant Messine ; & son corps fut porté en Hollande.

Ce Tombeau à trente pieds de long & autant en hauteur. Le Heros est couché sur le Tombeau, representé armé dans sa grandeur naturelle. Il a une main sur sa poitrine, & tient de l'autre un bâton de Commandement ; & sa tête repose sur une piece de canon. A chaque côté on voit un Triton appuïé sur une colomne de marbre noir, aïant chacun une conque marine. On voit au-des-sus comme en perspective, un combat naval. Les Armes de Hollande sont d'un côté, & celles des Provinces-Unies de l'autre, avec une Renom-mée au-dessus ; & plus haut les Armes de l'Amiral Rui-ter, qui sont un lion de gueu-les, avec une couronne de

Duc, soûtenuës par des é-
tendars, des enseignes & des
pavillons. A côté droit du
Tombeau on voit une fem-
me qui represente la Sagesse
& la Prudence en même
tems, aïant d'une main un
miroir, & de l'autre un ser-
pent, qui sont l'emblême
de ces deux Vertus. A côté
gauche, une autre femme
represente la Valeur & la
Force, tenant de la main
droite une trompette, & de
l'autre une clef qu'elle repose sur une colomne de
marbre. L'Epitaphe de l'A-
mirale est gravée en lettre
d'or sur une pierre de touche. Au côté droit de ce
Tombeau, on lit des Vers à
l'honneur de ce Heros, dont
voici la traduction.

Sous ce Tombeau repose un
   Heros plein de gloire
Qui fut la terreur de la
   Mer ,
Et qui traîna toûjours aprés
   soi la Victoire :
C'est le grand, le fameux , l'in-
   vincible Ruiter.
Vn petit coin , une urne , un
   peu de terre ,
Contiennent ce Vainqueur qu'-
   on redouta si fort.
Tout passe ; ce foudre de
   guerre
N'est aujourd'hui qu'un Nom ;
   le grand Ruiter est mort.
La Parque insatiable
   Qui soûmet à ses Loix
   Les Bergers & les Rois ,
Abatit ce Heros , ce Vain-
   queur redoutable ,
Lors qu'il se signaloit par mille
   beaux exploits.

Cependant, ô Parque im-
portune !
Nôtre Vainqueur redoute peu
tes traits ;
Les Heros ne meurent ja-
mais.
Il est vrai qu'il subit ici la loi
commune ;
Il est vrai que son corps
N'est qu'une tendre inani-
mée :
Mais apprens que la Re-
nommée
Peut immortaliser les morts ;
Que l'Europe, que l'Ame-
rique,
Que l'Affrique,
Que tout le monde entier est
plein de son renom ;
Que quoi qu'il ne soit plus, il
vit toûjours encore ;
Et que du Couchant à l'Au-
rore,

Tout rétentit du bruit de son
    auguste Nom :
Ce n' est que d'une vie incon-
    stante & mortelle
    Dont tu prives nôtre He-
      ros ;
    Ce n'est proprement qu'à ses
      os
Que tu viens de donner une at-
    teinte cruelle ;
    Son ame vit dans le repos,
Et jouit dans le Ciel d'une
    gloire éternelle.

Voici les autres Vers qui font au côté gauche du Tombeau.

L'arbitre de la Mer, un He-
    ros qui sur l'eau
Avoit comme établi sa demeu-
    re ordinaire ;
Vn nourrisson de Mars, nôtre

Ange tutelaire,
Est couché dans ce triste & su-
perbe Tombeau.
Celui dont l'Ocean craignit si
fort la foudre,
N'est que terre & que pou-
dre.
Le Monument que tu vois
T'apprens quels furent les
exploits
Du Guerrier dont le sort est si
digne d'envie ;
Sa cendre est une voix
Qui chante & qui publie,
Qu'après que mille & mille
fois
L'ennemi le plus fier eût plié
sous ses loix,
Enfin il termina sa vie
Pour le maintien de sa Pa-
trie,
Le marbre sous lequel il est en-
seveli

Menace encore l'ennemi ;
L'Onde qui fut témoin des con-
    quêtes fameuses,
Et de tant d'actions grandes
    & glorieuses
Qui se firent sous lui ,
En fremit encore aujourd'hui.
Sous ses étendars le Batave
Rendoit tout l'Ocean escla-
    ve :
Dés qu'il paroissoit sur son
    bord ,
Son bras portoit par tout l'é-
    pouvante & la mort.
Ci gît , dans le Tombeau du
    Vainqueur redoutable
Que la mort implacable
Sous son vaste empire a soû-
    mis ,
Toute la troupe formidable
Et de nos envieux & de nos
    ennemis.
Oui, c'est ici, troupe ennemie,

Ici dans le Tombeau de ce
fameux Heros,
Que nos Concitoïens, prêts à
perdre la vie,
Rencontrent leur salut & trou-
vent le repos.

A l'entrée du Tombeau on
lit ces mots, *intaminatis ful-*
get honoribus]: Il brille d'une
gloire dont l'éclat n'a jamais
été terni.

Cette Eglise, aussi bien que
l'Hôtel de Ville, font face à
la grande Place qu'on ap-
pelle le Dam, au milieu de laquelle est l'ancienne Maison
de Ville, qui sert presentement de corps-de-garde, &
au dessous est le Poids public.

La Bource La Bourse, qui est une
Place fermée où les Mar-

chands s'assemblent tous les jours depuis onze heures jusques à une heure, pour parler de leurs affaires, n'est pas éloignée du Dam. C'est à proprement parler un rendez-vous de toutes les Nations du monde : Car il n'y a point de jour dans l'année, si l'on en excepte les Dimanches & les grandes Fêtes, où l'on ne trouve dans cet endroit des Flamans, Brabançons, François, Anglois, Ecossois, Irlandois, Italiens, Espagnols, Portugais, Suisses, Allemans, Danois, Suedois, Norvegiens, Livoniens, Moscovites, Juifs, Turcs, Mores, Tartares, Indiens, Orientaux, Africains, Americains, &c. Le vingt neuf Mai mil six cent huit, la première pierre de ce superbe bâtiment fut posée par le plus jeune des fils du Sieur Corneille Pieterse Hoorf, Bourgmestre-Président de la Ville ; & le premier Août mil six cent treize, la première Assemblée s'y fit. Cette Place, qui peut avoir cent pas de long sur quarante de large, est toute voûtée, sous laquelle passe la Riviere de l'Amstel, comme je l'ai remarqué au commencement de ce Chapitre. Elle est environnée de galleries soûtenûës par quantité de colomnes qui forment autant d'arcades, où les Marchands se mettent à l'abri de la pluïe : chaque colomne a son numero & son écriteau ; qui marque le quartier de cha-

que Nation. Par exemple,
ceux qui ont affaire aux Ne-
gocians François, fçavent
par le moïen de ces piliers,
dans quel quartier de la
Bourſe ils ſe tiennent ; &
ainſi des autres.

Il y a trois entrées à cette
Place, qui-ſont toutes ouver-
tes juſqu'à midi, que le Portier les ferme juſques à une
heure, étant permis à tout
le monde de ſortir; mais on
n'y peut entrer pendant cette heure-là, qu'en mettant
une piece de ſix ſols dans la
boëte que le Portier vous
preſente; cet argent étant
deſtiné pour les pauvres. Ce
tribut fait que les Marchands
qui ont affaire-à la Bourſe,
s'y rendent de bonne heure,
& empêche que mille gens

incommodes n'y entrent à cette heure-là. Sous la gallerie il y a des armoires dans la muraille, où l'on tient des mousquets, des piques, des épées, des bandolieres, & tout ce qui est necessaire pour armer quatre-vingt à cent hommes. Depuis le mois de Mai jusques au mois de Septembre, les Bourgeois ont ordre d'aller chacun à leur tour dans cette Place, endosser le harnois pour faire l'exercice pendant une heure du jour, y aïant un Aide-Major de la Ville qui a soin d'instruire ceux qui ne sçavent pas l'Art militaire. C'est aussi dans cette Place où l'on exerce ceux qui ont soin des nouvelles machines qu'on a faites pour éteindre

prompte-

promptement le feu. Au-
deſſus de cette gallerie, il y
a quantité de boutiques de
Merciers comme au Palais à
Paris, & au bout une ſalle
d'Armes, dont le Maître eſt
entretenu aux dépens de la
Ville.

De-là on peut aller voir
l'Egliſe de ſaint Nicolas,
qu'on appelle le vieux Temple, où l'on verra un tres-
beau clocher, avec un orloge qui ſonne les heures, les
demi-heures & les quarts,
le tout precedé par un beau
carillon; & je dois remarquer en paſſant, qu'il y a
de ſemblables orloges ſur
toutes les Egliſes, les Tours
& les Portes de la Ville. Ses
vitres de pluſieurs couleurs,
repreſentent pluſieurs Hi-

PROV.
UNIES.

Vieille E-
gliſe.

stoires du Vieux & du Nouveau Testament. On y voit
plusieurs Monumens érigez
à la memoire de quelques
personnes qui ont rendu des
services signalez à la Republique ; mais je ne parlerai
que des trois principaux.

Le premier fut érigé par
ordre des Etats Generaux, à
l'honneur de Jacques Van-
Heemskerke General des forces Maritimes de la Republique ; Il avoit fait deux voiages dans la nouvelle Zem-
ble sous le Pôle Arctique,
& deux autres dans les Indes
Orientales, sous le Pôle An-
tarctique, d'où il rapporta
de riches dépouilles dans sa
Patrie l'année mil six cent
quatre : Ce fut lui qui attaqua la puissante Flote Espa-

gnole prés de Gibraltar le PROV.
vingt-trois Avril mil six cent UNIES
sept, où il fut tué.

On a fait graver ses plus
belles actions en lettres d'or
sur un marbre noir. On a
mis au haut du Tableau deux
globes, l'un Terrestre & l'autre Celeste, au milieu des-
quels on a placé les Armes
de Hollande. Vis-à-vis contre un pilier, on a mis son
épée, son casque & ses autres instrumens de guerre. Il
mourut âgé de quarante ans
un mois & douze jours.

Heemskerke, l'honneur de
   sa Patrie,
Vid enfin terminer sa vie,
Aprés avoir bravé mille fois
   dans le Nort
Ce qu'ont de plus affreux &

la guerre & la mort.

Ce fut prés de Calpé que tout
   couvert de gloire,
Entre les bras de la victoire,
Les armes à la main, mourut
   ce demi-Dieu;
Son corps gît dans ce sacré
   lieu.

Le second de ces Monu-
mens, est un Tableau de marbre noir, où l'on a gravé de
même les plus glorieuses a-
ctions de Corneille Jean de
Haan, un des plus grands
Capitaines que la Ville d'Amsterdam ait produit. Voici les
Vers qu'on a fait à son honneur.

Passant contemple nos mer-
   veilles,
Voi les victoires sans pareilles

Qu'un Guerrier que la mort
    fous ses loix a foumis,
    Remporta fur nos ennemis.
Il gît dans ce Tombeau, cet
    homme incomparable,
Aprés avoir porté le bruit
De fon nom grand & redou-
    table,
D'ici jufqu'aux climats où
    l'Aurore reluit,
Et rougi le Golphe Arabi-
    que
Du fang des Efpagnols que fon
    bras heroïque
Precipita dans cette Mer
Par les flames & par le
    fer.
Dunkerque accoûtumée à faire
    des ravages,
Ne craignit que ce grand
    Heros;
Dès qu'il paroiffoit fur les
    flots

Elle cessoit ses brigandages.

Avec un seul de ses Vais-
seaux

Qui sembloit lancer le ton-
ner,

Sur Terouane il prit des Navires de guerre

Qui dominoient déja dans
l'Empire des eaux :

Seul, mais accompagné de son
heureux genie,

Et se trouvant par tout, il
porta de son bord

L'épouvante & la mort

Sur la flote ennemie.

L'Espagnol en vain se roi-
dit,

Le bras de son vainqueur l'ac-
cable & l'étourdit ;

Mais n'en sois pas surpris ;
car qui revoque en doute

Qu'un seul bon Hollandois
suffit

Pour abatre l'Espagne & la
     mettre en déroute?
Cependant ce Guerrier n'étoit
     pas immortel ;
Au milieu des Lauriers la
     mort qui tout entraîne
Nous enleva ce Capitaine,
Et nous laiſſa dans un deuil
     éternel.
Romains ne vantez plus ces il-
     luſtres Décies
     Qui ſacrifierent leurs vies
Pour l'honneur du Païs qui
     leur donna le jour ;
     Nous nous vantons à notre
     tour
D'un Décie plus grand que
     ceux que vante Rome.
Le voici, le voici ce Décie
     nouveau ;
C'eſt ce Heros, c'eſt ce grand
     homme
Que la mort à couché dans ce

sombre Tombeau.

Vn Heros gît ici, qui n'eut
point de semblables ;
Qui sans craindre la mort
moins que lui formidable,
Sur ces fiers ennemis gagna sept
étendars
Au milieu de mille hazards ;
Lui seul par sa valeur & sa
sage conduite ,
Attaqué par deux gros
Vaisseaux ,
Força l'un à prendre la
fuite ,
Et coula l'autre à fonds dans le
milieu des eaux.

Le troisiéme, c'est le Tombeau d'Abraham Vander-
hulst Grand Amiral de
Hollande, qui nâquit à Amsterdam le onze Avril mil
six cent dix-neuf, & mou-
rut

en mil six cent soixante-six.
Ce Monument est tout de
marbre, extrémement bien
travaillé. On voit le Heros
couché dans un lit d'hon-
neur, tenant le sabre nud de
la main droite. A ses côtez
sont deux enfans qui pleu-
rent, tenant les armes de
l'Amiral : Au-dessus on voit
une Armée navale. Plus haut
on voit l'Epitaphe du He-
ros, écrite en Flamand sur
une pierre de touche en Lettre d'or, environnée de toutes sortes d'Instrumens de
guerre ; & au-dessus de tout
ce trophée, on voit les Armes des sept Provinces-U-
nies soûtenuës par deux An-
ges qui sonnent de la trompette.

Sous ce marbre repose un illustre Heros,
Qui ne se fit jamais un plaisir
du repos,
Que lors que terrassant, quand
il faisoit la guerre,
Vn ennemi superbe; aprés plusieurs efforts
Il lui faisoit mordre la
terre,
Et se couchoit en vainqueur
sur son corps.
La mort insensible & cruelle
L'a couché pour toûjours : mais
ne le pleurons plus,
Il jouit du sejour de la gloire
immortelle,
Tout raïonnant de ses vertus.

LE PORT. Le Port d'Amsterdam est
le plus fameux de l'Europe
sans contredit, tant par les

differentes nations qui y a-
bordent de toutes les parties
du monde, que par la quantité de bâtimens qu'on y voit
en toutes fortes de faifons.
Ce Port a plus de mille pas
de large, & demie lieuë de
long ; & dans cette grande
étenduë , il eft continuellement couvert de Vaiffeaux
& de Barques marchandes :
De maniere que le Soleil a
de la peine à penetrer la fo-
rêt que forme leurs mâts &
leurs cordages. Il ne faut
qu'avoir vû ce Port pour
convenir que la Hollande a
feule plus de Vaiffeaux, de
Barques ou de Chaloupes
que toutes les Puiffances
Chrêtiennes enfemble. D'ailleurs on y apprendra que
chaque Ville & chaque Vil-

lage a son Havre particulier, & qu'il n'y a point de païsan, si pauvre soit-il, qui n'ait une Barque pour porter son lait. & ses autres danrées aux marchez. C'est dans cet endroit-là qu'on verra les quais occupez d'une infinité de pieces de canon, tant de fer que de fonte, que les grands magasins qui en sont déja remplis, ne peuvent contenir.

Amirauté.

De-là on pourra aller voir le grand Arsenal de l'Amirauté, dont la grandeur n'est pas moins surprenante, que l'abondance qu'on verra dans ses magasins, de toutes les choses necessaires pour la construction des Vaisseaux de guerre, où l'on en fait de nouveaux continuelle-

ment. Quoique la Hollande
ne produise rien qui soit
propre à la construction des
Navires, & qu'ils soient o-
bligez d'aller querir dans les
Païs fort éloignez le bois, le
fer, le chanvre, le godron,
&c. ils en sont neanmoins
si bien pourvûs, que les ou-
vriers du seul Village de
Sardan, à une petite lieuë
d'Amsterdam, s'engagent,
moïennant qu'ils soient aver-
tis deux mois auparavant, de
bâtir un Vaisseau de guerre
toutes les semaines le reste
de l'année, prêt à mettre les
voiles. Cette facilité de con-
struire des bâtimens, fit que
pendant la longue guerre
que la République eut avec
l'Espagne, les Hollandois
vendirent souvent des Vais-

R iij

seaux & des munitions de
guerre à leurs ennemis.

Le Conseil de l'Amirauté
qui prend connoissance de
toutes les affaires qui regardent la marine, est divisé en
cinq Chambres qui sont établies à Amsterdam, Rotterdam, Horne, Middelbourg
& Harlingue dans la Frise.
Chaque Assemblée est com-
posée de sept Deputez qu'on
renouvelle de trois en trois
ans. L'Amiral & en son ab-
sence le Vice-Amiral a droit
d'y presider.

Proche de l'Arsenal de
l'Amirauté, il y a celui de la
Compagnie des Indes Orientales, qui n'est pas moins
considerable que l'autre.
Cette Compagnie y fait fa-
briquer tel nombre de Vais-

ſeaux de guerre & Mar-
chands qu'elle croit en avoir
beſoin pour la ſûreté de ſon
commerce ; mais elle ne
tient dans cet endroit-là,
que les choſes neceſſaires à
équiper & armer ſes Navi-
res. Toutes ſes marchandiſes ſont portées dans de
grands magaſins à perte de
vûe qu'ils ont au cœur de
la Ville, où l'on voit une infinité de marchandiſes d'O-
rient ; & dans d'autres celles
qu'ils ramaſſent dans toutes
les parties de l'Europe, pour
envoïer aux Indes.

Avant de quitter le Port,
il faut remarquer que les
gros Vaiſſeaux n'y peuvent
pas venir chargez, à cauſe
d'un grand banc de ſable
qu'on appelle le *Pampus*,

PROV.
UNIES.

où même les gros bâtimens, quoique déchargez, ne peuvent passer qu'à la faveur de la haute-marée. On les allege au Texel où l'on décharge ordinairement le canon des Vaisseaux de guerre qu'on veut conduire à Amsterdam pour être radoubez.

Juifverie Lors qu'on vient de visiter les Asenaux, si l'on ne veut pas suivre le Port, on traverse le quartier des Juifs, qui seroit un des plus beaux de la Ville, si ces Disciples de Moïse étoient aussi propres que les Hollandois. Il y a deux Synagogues, l'une pour les Juifs Grecs ou Allemans, & l'autre pour les Portugais. Celle-ci est beaucoup plus belle : Elle est en

pavillon, toute de pierre de
taille, & reſſemble plûtôt à
une citadelle qu'à un Temple Judaïque. Auſſi lors que
les Juifs la bâtiſſoient ſi haute & ſi épaiſſe, le Magiſtrat
en conçût de l'ombrage,
craignant que ſous l'ombre
d'un Temple ils ne fiſſent
une fortereſſe capable de
chagriner un jour la Ville :
ce fut dans cette crainte qu'-
on leur commanda de ne
pouſſer pas le deſſein plus
avant; de maniere qu'ils jetterent le couvert avant que
le bâtiment fut dans ſa per-
fection : & c'eſt la ſeule cauſe
que les Architectes y remar-
quent de la defectuoſité.

Au reſte, je ne fais pas
difficulté d'avancer qu'il y
a des Juifs dans Amſterdam

plus riches que quelques-
uns de nos Princes Euro-
péens. Il y en a un qui a
fait bâtir une maison où l'or
& l'argent, l'azur & le marbre éclatent de tous côtez.
Il a une grande fale pavée
de Ducatons d'argent : il
vouloit mettre des barreaux
ou grilles d'argent dans l'appartement d'en-bas qui répond dans la ruë, au lieu
que toutes les autres de la
Ville font de fer ; mais le
Magiftrat auffi fage que politique, confiderant que les
Juifs en general ne font pas
aimez des Chrêtiens, la populace pourroit prendre de
cette vanité occafion de pil-
ler fa maifon & celles de fes
compatriotes, lui deffendit
de le faire ; de forte qu'au

lieu de barreaux d'argent, il
grilla ſes fenêtres de fer
doré.

Je m'apperçois que je pou-
rois fatiguer le Lecteur par
la longueur de ce chapitre ;
ce qui me fait paſſer ſous ſi-
lence quantité d'édifices &
d'autres choſes curieuſes que
les voiageurs qui y feront
quelque ſéjour, ne manque-
ront pas de voir : Cependant
je dirai un mot de ſon Gouvernement, qui ſervira pour
donner une connoiſſance de
celui des autres Villes qui ſe
ſont toutes conformées à celle-ci, à la reſerve de quelque
difference dans le nombre
de leurs Senateurs.

La Ville d'Amſterdam eſt
gouvernée par un Senat
compoſé de trente-ſix per-

sonnes, qui tous doivent être originaires de la Ville. Ces Senateurs ne perdent leur Charge qu'avec la vie ; lorsqu'il en mouroit quelqu'un, les principaux Bourgeois avoient accoûtumé autrefois de nommer ceux qui devoient leur succeder ; mais depuis environ cent soixante ans, les Bourgeois ont cedé ce droit au Senat. Ce Senat choisit d'entre ses Membres les Bourgmestres & les Echevins, qui sont les Mogistrats destinez pour administrer la Justice annuellement. Il y a quatre Bourgmestres ou Consuls, dont on en renouvelle trois tous les ans, parce que l'un des anciens demeure en Charge pendant deux ans, afin de pouvoir instruire

les nouveaux venus, de l'é-
tat des affaires. Celui-là preside dans leur Assemblée les
trois premiers mois, & les
autres quartier par quartier.

. Ces Charges font les plus
honorables de la Ville, quoiqu'elles ne foient pas les plus
lucratives; cependant ce font
des poftes fort confiderables,
qui les mettent en état de
procurer la fortune de leurs
parens & amis, parce que
tous les emplois & toutes les
commiffions qui viennent à
vaquer pendant les trois
mois de leur Prefidence, font
à leur difpofition, pour les
donner à qui bon leur femble : car il faut fçavoir que
toutes les Charges, Emplois
& Commiffions fe donnent
en Hollande au merite & à

la faveur ; & que si l'on prou-
voit que ceux qui ont droit
de les distribuer en eussent
exigé de l'argent par forme
de reconnoissance ou autrement, ils seroient par la Loi,
cassez & declarez inhabiles
de jamais exercer aucune
Charge dans la Ville ; mais
ceux qui ont l'ame un peu in-
teressée, trouvent des moïens
pour en tirer du benefice sans
que cela paroisse. Les meilleurs Emplois sont ceux de
la Poste ; car tout le produit
leur appartient, en fournis-
sant seulement les frais des
couriers : aussi sont-elles se-
parées en plusieurs Bureaux,
dont les principaux ont quatre à cinq interessez.

Ce sont les Bourgmestres
qui font les honneurs de la

Ville : Ils tirent du Trésor public tout l'argent qu'ils jugent à propos pour le bien de la Ville : Ils ont les clefs de la Banque, qui ne s'ouvre jamais qu'en présence de l'un d'eux : Ils ont aussi la clef du coffre où l'on enferme tous les soirs celles de toutes les portes de la Ville. A quelque haut degré de Dignité que ces Charges les élevent, cela ne les engage pas à un sol de dépense ; leur table, leur train ni leurs habits n'augmentent pas pour cela : Ce sont des personnes aux gages de la Ville, qui les servent dans toutes les ceremonies publiques ; & s'ils donnent quelque fois à manger aux Princes ou aux Ministres Etran-

gers qui paſſent chez-eux,
tout cela eſt aux dépens de
la Ville.

Outre les quatre Bourg-
meſtres, il y a neuf Echevins qui ſont les Juges de la
Villes. On en choiſit ſept tous
les ans, & deux de l'année
precedente continuent d'e-
xercer leur Charge. Le Senat en nomme quatorze,
deſquels les Bourgmeſtres
en choiſiſſent ſept. (Le
Prince d'Orange les choiſit
dans les autres Villes.) Ils
ſont Juges abſolus dans toutes les cauſes Civiles & Criminelles ; mais en conſi-
gnant une fort groſſe amende, on peut appeller de leurs
Jugemens à la Cour de Juſtice de la Province, qui tient
ſes Seances à la Haïc. Sous
ces

ces Magistrats Souverains il
y a plusieurs Officiers, dont
les principaux sont les Tre-
soriers & Receveurs des revenus de la Ville ; & le Grand
Prevôt qu'on appelle *Schout*,
qui a deux Lieutenans de
Prevôt & plusieurs Archers
sous lui. C'est lui qui fait
partie contre les criminels,
& qui les juge conjointe-
ment avec deux Echevins
dans les cas où il n'y a point
peine de mort ; car lors que
quelqu'un est condamné à
perdre la vie, on ne peut
pas l'executer que les Bourgmestre n'aïent signé le Jugement. C'est la Charge la
plus lucrative de la Ville ;
car la confiscation des biens
des criminels, ou les amendes ausquelles l'on condam-

ne ceux qui ont malversé dans la Police ou autrement, sont au profit du *Schout*. On les change tous les trois ans ; & ce temps-là suffit pour enrichir considerablement un homme.

Monsieur Borel, qui a été plusieurs années Ambassadeur de la Republique à Paris , fut gratifié de cette Charge à son retour , pour l'indemniser d'une partie de son bien qu'il avoit dissipé pour la gloire & l'interêt de sa Patrie: Mais comme il étoit trop homme de bien pour profiter de tous les avantages de sa Charge, on la lui a continuée pendant neuf ans : Et comme cette continuation n'avoit point d'exemple, quelques personnes jalouses de fa réputation, publierent qu'on le laiſſoit dans cet emploi, afin qu'il ne montât pas à la Dignité de Conſul ou Bourgmeſtre, à cauſe qu'on le croïoit trop affe-ctionné à un Prince Etranger, qui ſe ſerviroit de ſon moïen pour penêtrer les ſe-crets du Conſeil; car il faut remarquer que la Charge de Grand Prevôt eſt un che-min infaillible pour parvenir à celle de Bourgmeſtre; mais le Senat a bien fait pa-roître le peu de fondement de cette calomnie, puiſque Monſieur Borel eſt parvenu à la Charge de Bourgmeſtre l'année mil ſix cent quatre-vingt-neuf, dans le fort de la guerre.

Monſieur le Bourgmeſtre

Van-Beuningue étoit si connu dans toute l'Europe, par ses Ambassades en France, en Angleterre, à Nimegue, & dans plusieurs autres Emplois où il a rendu de tresgrands services à sa Patrie, que le Public ne sera pas fâché que je l'informe de la maniere dont ce grand homme a fini ses jours.

Il étoit à la tête du Conseil d'Amsterdam en mil six cent quatre-vingt-quatre, lors que la Ville s'opposa à la levée de seize mille hommes que le Prince d'Orange vouloit envoïer au secours de Luxembourg. Cela lui attira quelques ennemis, qui menacerent de le poignarder ou de l'empoisonner. Sur l'avis qu'il en eut, il en fit ſes plaintes au Senat, qui lui donna une garde pour l'accompagner, & pour mettre à la porte de ſa maiſon, où l'on ne laiſſoit entrer que des perſonnes bien connuës.

Je ne ſçai ſi ce fut un effet de la crainte, ou du travail & du grand attachement qu'il avoit dans ſon cabinet, qui lui troubla l'eſprit : D'autres ont crû que ce fut un effet du chagrin que lui cauſa une groſſe perte qu'il fit dans le commerce des actions de la Compagnie des Indes. Quoiqu'il en ſoit, il s'aliena de telle maniere, qu'il devint incapable quelques-années aprés, de remplir ſa place dans le Senat. Il avoit donné pluſieurs mar-

ques en public de son imbe-
cilité, qui augmentoit de jour
en jour. Il avoit cependant
de bonnes intervalles; & les
sentimens qu'il avoit dans
ces momens, étoient autant
de sentences & de leçons
pour les honnêtes gens.

Un jour que tous les Magistrats de la Ville étoient à
un festin, Monsieur Van-Beuningue s'y rendit sans être
invité. D'abord on lui presenta la santé de *Sa Majesté
Britanique Guillaume III.
Gouverneur & Capitaine General de Hollande :* Et prenant le verre leur dit, *Messieurs, je vous fais raison, à
la santé de Guillaume Gouverneur d'Angleterre & Roi de
Hollande:* Il sortit immediatement aprés; & ce fut la der-

niere fois, si je ne me trom-
pe, qu'il parut à leur Compagnie. Je dois remarquer
en paſſant, que lors que
l'on préparoit l'armement
avec lequel le Prince paſſa
en Angleterre , Monſieur
Van-Beuningue ſe rendit à
l'Hôtel de Ville (car il en-
troit hardiment dans la
Chambre du Conſeil) re-
preſenta fort patetiquement
au Senat , leur honneur &
leur devoir pour le bien public ; leur fit toucher au
doigt les malheurs où la
guerre alloit expoſer la Republique, & l'interêt qu'elle
avoit de donner des bornes
à la puiſſance du Prince d'O-
range : mais tout cela ne ſer-
vit de rien , chacun aïant
déja pris ſes engagemens.

Au mois de Janvier de l'année mil six cent quatre-vingt-dix, à l'entrée de la nuit, un traîneau (dont on se sert ici au lieu de carrosse) s'arrêta derriere l'Eglise sainte Catherine : il en sortit un homme masqué, qui s'adressa à un Savetier, auquel il demanda s'il vouloit gagner cent écus dans une heure de tems. Ce gain étoit trop considerable pour ce pauvre homme, pour ne pas lui donner une envie mêlée de crainte : mais aprés qu'on l'eut assûré qu'il ne lui en arriveroit aucun mal, il consentit qu'on lui bandât les yeux. On fit faire au traîneau plusieurs tours & détours par la Ville, pour dépaïser le Savetier : Enfin, on lui

lui fit mettre pied à terre,
on le conduifit à travers plufieurs degrez & plufieurs
chambres, le faifant tantôt
monter & tantôt defcendre,
jufques à ce qu'étant arrivé
dans une chambre, on lui
redonna la liberté de la vûë.
Il vit qu'elle étoit fort proprement meublée : Enfuite
on ouvrit les rideaux d'un
lit de fatin, où l'on vit un
homme vêtu de noir pendu
au ciel du lit qui étoit de bois.

L'emploi du Savetier fut
de dépendre ce corps, de le
deshabiller & de le mettre
dans une bierre qu'on avoit
apparemment achettée fur
le quai proche la tour de la
Monnoïe, où l'on en trouve
de toute forte de grandeurs.
Il avoit dans fes poches des

chaînes d'or, des bagues &
d'autres joïaux que le païsan
remit à son conducteur, qui
ne se démasqua jamais. Cela étant fait, on lui donna
son argent, & l'on le reme-
na dans l'endroit où l'on l'a-
voit pris, avec la même cir-
culation. Sa joïe & sa surprise furent si grandes, qu'il
ne put pas garder le secret
qu'il avoit promis ; de sorte
que le lendemain le Grand
Prevôt l'envoïa prendre par
des Archers, qui le menerent
en prison ; mais la chose fut
bien-tôt assoupie, le païsan
en aïant été quitte pour la
perte de son argent que le
Prevôt garda, à qui sans
doute on en donna d'avan-
tage pour ne pas faire de
recherches exactes. Ces cir-

·conſtances & ce que du depuis on n'a point eu de nouvelles de Monſieur Van-Beuningue, ont donné lieu de
croire qu'il eût fait une fin
ſi tragique & ſi peu confor-
me à un homme de ſon mé-
rite.

La Ville d'Amſterdam en-
tretient environ cinq cent
hommes de troupes reglées
pour la garde de ſes portes,
pendant le jour : car la nuit ce
ſont les Bourgeois qui en ont
la garde, qui la font auſſi à
l'Hôtel de Ville, & dans pluſieurs autres quartiers. Avant
les guerres de mil ſix cent ſoixante-douze, on avoit ac-
coûtumé de porter toutes
les nuits les clefs de la Ville
au Bourgmeſtre Preſident,
qui les mettoit ſous ſon che-

T ij

vet. Mais comme dans ce
tems-là le Peuple craignit
que la France n'eût quelque
intelligence dans la Ville,
lors qu'ils virent que l'Armée
en approchoit, les Bourgeois
voulurent que les clefs res-
taßent dans l'Hôtel de Ville : Et comme il ne fut pas
à la puißance des Bourgmestres de l'empêcher. Mon-
sieur Reynst qui presidoit
pour lors, ne voulant pas
abandonner ce droit, alla
coucher toutes les nuits dans
l'Hôtel de Ville, sur le coffre
où les clefs étoient enfer-
mées. Ses trois mois expirez,
Monsieur Pol qui étoit devenu President, voulut rétablir l'ancienne coûtume de
faire porter les clefs chez lui;
ce qui excita de nouveaux

troubles, qu'on appaisa pourtant par le milieu qu'on trouva : Ce fut que tous les soirs un détachement de Bourgeois iroit prendre au son du tambour, les clefs de chaque porte de la Ville, en y posant la garde Bourgeoise ; qu'on les porteroit à l'Hôtel de Ville dans la Chambre du Conseil ; qu'on les mettroit dans un coffre, & que la clef du coffre seroit portée au Bourgmestre Président ; que le lendemain les Bourgeois l'iroient reprendre, pour aller ouvrir les portes de la Ville ; & qu'en même tems les Soldats de la Garnison prendroient la garde des portes, que les Bourgeois leurs remettroient ; ce qui se pratique encore aujourd'hui.

Si Amsterdam avoit de l'eau douce, elle seroit sans contredit une Ville imprenable, tant à cause de sa situation, de ses fortifications, que parce qu'au moïen des écluses elle peut inonder toute la campagne voisine; mais elle n'a que l'eau de pluïe qu'on ramasse dans des cîternes: & on est obligé d'aller querir de l'eau douce pour faire de la bierre, à deux lieuës de la Ville.

CHAPITRE IX.

De la Haïe.

CE Village, que les Hollandois appellent *Sgravenhage* ou la Haïe aux Comtes, à cause que les Comtes de Hollande y faisoient autrefois leur demeure, pourroit, s'il étoit enceint de murailles, non seulement porter le nom de Bourg, mais aussi de Ville tres-considerable ; car je croi qu'il n'a gueres moins de circuit que Lyon. Il y a des ruës à perte de vûë tirées au cordeau, & quantité de superbes Palais. La beauté de ce lieu & du voisinage, l'a fait choisir pour le séjour ordinaire des Princes d'Orange, des Ambassadeurs & Ministres des Princes Etrangers. C'est à la Haïe où se tient l'Assemblée des Etats Generaux des Provinces-Unies, de même que celles des Etats de Hollande, du Conseil d'Etat, de la Chambre des Comptes, &c.

Le Palais du Prince, qu'on nomme ordinairement la Cour de Hollande, est fort vaste. Sans gêner les Appartemens de son Altesse, il y en a pour l'Assemblée de toutes les Cours, où le Prince peut se rendre par des galleries, sans sortir de chez lui. Ce Palais fut bâti par

Guillaume Comte de Hollande Roi des Romains. La grande falle où l'on expofe les drapeaux & étendars qu'on gagne fur les ennemis, eft remplie de boutiques de Libraires & de Marchands Merciers. Cette falle eft bâtie de certain bois qu'on a apporté d'Irlande, où les araignées ne s'attachent point, & où la vermine ne fe met jamais.

Le Cours qu'on appelle *Voorhout*, eft un des beaux endroits que j'aïe encore vû. Ce font trois allées de Tillots à perte de vûë, où le Soleil ne penetre jamais : Celle du milieu eft pour les carroffes ; & les autres pour les gens à pied, y aïant des barrieres pour empêcher les

chevaux d'y passer. Ce Cours
est bordé d'un côté de tres-
beaux Palais, où logent ordinairement l'Ambassadeur
de France, & d'autres personnes de ce caractere. On
voit de l'autre côté le Palais
du Prince, celui des Etats
Generaux, celui du Prince
Maurice, avec un grand é-
tang d'eau douce entre deux.
Le Magistrat, pour entrete-
nir la propreté de ce pro-
menoir, & empêcher que
les carrosses ne fassent de la
poussiere, qui incommode-
roit ceux qui prennent le
plaisir de la promenade à
pied, ont fait faire des tom-
bereaux doublez de fer
blanc, qui entrant dans cet
étang, se remplissent d'eau.
Lors que les chevaux l'ont

tiré jusques à l'endroit qui
a besoin d'être raffraîchi,
on ouvre cette machine, d'où
l'eau sort comme d'un arro-
soir, & rend le chemin ferme par tout.

Au de hors de ce char-
mant Village, on trouve un
grand bois dans lequel il y
a un beau jeu de mail, &
une tres-belle maison appar-
tenante au Prince d'Orange,
où l'on voit de tres-belles
peinture. Une partie de ce
bois est enfermée de palissades, pour empêcher que les
cerfs, les biches & les autres
animaux qu'on y a mis n'en
sortent.

Les Etrangers pourront
voir son Hôtel de Ville, qui
est un ancien bâtiment, avec
une fort haute tour d'où l'on

découvre la Mer, & tout ce
qui se passe proche des côtes
voisines. Il y a plusieurs Hôpitaux, de tres-belles Eglises,
& d'autres édifices publics
qui font honneur à ce lieu-
là. Les Voiageurs verront
dans le grand Temple, le
Tombeau de noble Jacques
Dinast de Waffenaer, Sei-
gneur d'Opdam, Grand
Amiral de Hollande, qui
l'année mil six cent soixante-
cinq, se trouvant obligé de
combattre la Flote Angloise
avec des forces inégales, ai-
ma mieux mettre le feu aux
poudres de son Vaisseau, que
de tomber entre les mains
de ses ennemis.

Ce Monument est entouré
d'un grand pavillon, soute-
nu sur quatre colomnes de

marbre. La Statuë de l'A-
miral paroît droite, armée,
tenant d'une main le bâton
de Commandement. Un Ai-
gle volant paroît derriere
lui, qui porte fur fes aîles
une victoire. A la droite on
voit un petit enfant qui tient
le cafque du Heros, & à
gauche un autre qui porte fes
armes d'une main & une couronne de Lauriers de l'autre;
& à chacun des quatre
coins, une femme qui repre-
fente la Force, la Sageffe,
la Vaillance & la Fidelité.

Il y a plufieurs beaux Vil-
lages aux environs de la
Haïe. Celui de Scheveling
fitué fur le bord de la Mer,
eft le rendez-vous d'une infinité de Peuple de toutes
fortes de conditions, qui s'y

vont divertir tous les jours ; mais l'Ocean y fait beaucoup de ravage. L'année mil cinq cent soixante-quatorze il emporta tout d'un coup cent vingt-une maisons ; & de tems en tems il y vient prendre son dîme.

Losdun. Losdun est un autre Village à demi-lieuë de la Haïe, celebre par le Monastere de filles nobles que Marguerite Comtesse de Hollande y fonda en mil deux cent soixante-sept ; mais encore d'avantage par l'accouchement monstrueux que Mathilde fille unique du Comte Florent , & sœur de Guillaume Roi des Romains , y fit l'année mil cinq soixante-seize. L'Histoire assûre que cette Princesse refusa l'aumône à

une femme qui portoit deux
enfans jumeaux, lui repro-
chant que ce n'étoit pas du
fait d'un seul homme : Que
cette femme fâchée de l'in-
jure qu'elle faisoit à la verité,
lui soûhaita d'en avoir d'une
couche autant qu'il y avoit
de jours en l'année. Qu'au
bout de neuf mois elle accoucha de trois cent soixante-
cinq enfans, tous bien for-
mez & aïant vie, gros comme le poing. Ils reçûrent tous
le Baptême par Guy, suffra-
gant d'Otton Evêque d'U-
trecht, qui donna le nom de
Jean aux mâles, & celui d'E-
lisabeth aux femelles. Ils
moururent bien-tôt aprés,
aussi bien que la mere, &
furent tous mis dans un même Tombeau.

Quelque fabuleuse que paroisse cette Histoire, elle est pourtant bien veritable. On voit encore dans l'Eglise de ce Village, les deux bassins d'airain où ces enfans furent baptisez, qui n'ont qu'environ cinq pouces de profondeur. On y voit aussi cette Histoire dans un Tableau, au bas duquel on lit des Vers Latins, dont voici la signification

Voici un monstrueux & memorable effet, qui n'en a point eu de pareil depuis le commencement du monde; Lecteur aprés avoir lû cette Histoire, retire toi d'ici, tout confus & étonné.

CHAP.

CHAPITRE X.

De la Ville de Rotter-
dam.

ROTTERDAM (aprés Amsterdam) est la plus riche & la plus florisfante Ville de la Hollande. La commodité de son Havre a ouvert le chemin à son grand commerce ; car les plus gros Vaisseaux Marchands viennent chargez jusques dansl a Ville, à la faveur de ses canaux ; au lieu que ceux qui vont à Amsterdam sont obligez de décharger au Texel, comme je l'ai remarqué ailleurs.

Tome V. V

Cette Ville, qui est située
sur la Meuse, tire son nom
du grand canal de Rotter &
de Dam, qui signifie campagne. D'autres soûtiennent
que son étimologie vient de
Ruther Roi des Francs, qui
en fut le fondateur. Elle fut
ceinte de murailles en mil
deux cent soixante-dix, mais
elle a été agrandie du depuis
à diverses reprises. Il se fait
plus d'embarquemens à Rotterdam qu'à Amsterdam, à
cause qui'en levant l'ancre
ici on peut cingler en pleine
Mer, au lieu qu'on est obligé à Amsterdam d'aller faire
le tour des Isles du Texel, &
que souvent le vent vous
retient des dix à douze jours
dans ce golfe qu'on nomme
la Mer du Sud.

Tous les canaux de la Ville
font ornez de chaque côté
du grand quay & des ren-
gées d'arbres, aussi bien que
ceux d'Amsterdam : mais ils
ont ceci de particulier, c'est
qu'ils font remplis d'eau douce, & qu'ils ne fentent jamais mauvais : Aussi l'air y est
beaucoup plus sain qu'à Amsterdam. On y voit par tout
des maifons qui reflemblent
à des Palais. Les édifices
publics, comme la Bourfe,
l'Hôtel de Ville, les Eglifes
& principalement les Arce-
naux pour les Armées de
Terre & de Mer, font di-
gnes de la curiofité des E-
trangers.

Le fçavant Erafme, restau-
rateur de la Langue Latine,
nâquit à Rotterdam en mil

quatre cent soixante-sept, & finit ses jours à Fribourg en Alsace, au commencement du seiziéme siecle. Le Magistrat de Rotterdam, pour honorer la memoire de ce grand homme, lui fit ériger une Statuë de bronze sur le grand pont de la Meuse, proche de la Bourse, qu'on a appellé depuis ce tems-là Place d'Erasme. On l'y voit encore de bout sur un-pied destal, tenant un Livre à la main. On fait accroire aux petits enfans & aux badaux à qui l'âge n'a pas donné un fort grand jugement, que toutes les heures qu'Erasme entend sonner, il tourne un feuillet de son Livre; & que lors qu'il sera au dernier feuillet, ce sera la fin du monde.

'On voit plufieurs autres PROV:
Monumens dans les Eglifes : VNIES.
Celui de Lambert Moy Vice-
Amiral , qui mourut le treize de Mars mil fix cent vingt-
cinq, fe voit dans la grande
Eglife. On a gravé fes armes
fur fon Tombeau , foûtenuës
d'un Neptune & d'une Be-
lonne qui font de bout fur
un Dauphin , avec une infcription qui marque fes plus
belles actions. Sa femme
qui mourut le quatre De-
cembre de la même année,
fut mife dans le même Tombeau.

Ci gît un grand Vainqueur en
tout incomparable,
Qui d'un fier ennemi dompta
fouvent l'orgueil ;
Car combien d'Efpagnols ce

Heros redoutable,
Ne mit-il pas dans le cer-
cueil ?
Toûjours sur l'Othoman ga-
gnant quelque victoire,
Toûjours marchant de gloire
en gloire,
Toûjours cheri de Neptune
& de Mars,
On eût dit qu'il lançoit de sa
main le Tonnerre,
Tant il épouvantoit au milieu
des hazards
Les ennemis qui lui faisoient la
guerre.
Dunkerque admira sa va-
leur,
La superbe Calpè, les Isles
Fortunées,
Celle de saint Thomas à ses
pieds prosternées
Le reconnurent pour vain-
queur.

Quoiqu'il eût fait le tour du
  Monde,
Quoiqu'il eût voiagé tant qu'il
  avoit vêcu,
Ce Heros toutefois ne fut ja-
  mais vaincu
Ni sur la Terre ni sur
  l'Onde :
Au contraire, toûjours mar-
  chant en Conquerant,
Il ne cessa de vaincre qu'en
  mourant.
Cependant, ô douleur sujette à
  la loi dure,
Qu'impose à toute la Nature
La mort, qui de sa main lan-
  ce les mêmes traits
Et sur les beaux & sur les
  laids,
Ce Guerrier invincible
Ne put s'empêcher du trépas.
Vn boulet, dont le coup ter-
  rible

Sembloit devoir finir sa vie &
ses combats,
Respecta sa beauté; ce Vain-
queur formidable,
Fut blessé, mais encor il ne suc-
comba pas.
Ce fut toi, mort insatiable,
Qui te repaît de tout, aussi
bien des appas
Que de l'objet le moins ai-
mable,
Qui le privas du jour, & qui
nous l'emportas.
Il fut Vice-Amiral; & son
ame intrepide,
Du veritable honneur avide,
Lui fit entreprendre sur Mer
Tant d'actions si vigoureu-
ses,
Qu'il falloit que son cœur fût
de bronze ou de fer
Pour n'en redouter pas les sui-
tes dangereuses.
Lambert,

Lambert, qu'on appelloit le
   Beau ;
Mais dont la bravoure &
   les armes
Eurent encor bien plus de
   charmes,
   Repose dans ce Tombeau.

Lorsque le Poëte parle de la beauté de ce Heros, ce n'est que par allusion à son nom de *Moy*, qui dans nôtre Langue signifie *Beau*.

Dans le même endroit on voit le Tombeau du Chevalier Corneille de With, qui devoit son élévation au même élement auquel la Hollande est redevable d'une partie de la sienne. Il passa par tous les degrez de la Milice Navale. Il a été Soldat, Matelot, Maître de

Navire, Capitaine, & ensuite
Vice-Amiral : C'est en cette
qualité qu'il a commandé
pendant vingt ans les Flotes
de sa Patrie, qu'il s'est trouvé dans quinze combats na-
vals. Le dernier fut celui qu'il
y eut le 8. Novembre entre
les Hollandois & les Suedois,
où de With aprés avoir donné beaucoup de marques de
bravoure, se trouvant aban-
donné des siens & environ-
né d'ennemis, il fut tué d'un
coup de canon. Le Roi
de Suede fit embaumer son
corps, & l'envoïa à sa Patrie.

Le Heros est representé
armé, aïant son casque à ses
pieds, & le bâton de Com-
mandant à la main droite.
Au-dessus on voit un globe,

& fon Epitaphe en lettres d'or gravée fur le marbre noir. Aux côtez paroiſſent Mars & Neptune, & au-deſſus les armes de l'Amiral, foûtenuës par deux enfans; & plus haut deux femmes, l'une fonnant de la trompette, & l'autre couronnée de guirlandes; au milieu deſquelles on a placé les Armes de Hollande, à côté droit celles de l'Amirauté, & à gauche celles de la Ville.

On y voit un troiſiéme Tombeau que l'Amirauté a fait ériger à la memoire d'Egbert-Barthelemi de Cortenaer, Amiral de la Meuſe. Au milieu du frontifpice, qui eſt de marbre noir, on voit les Armes des fept Pro-vinces - Unies couronnées

d'une couronne Imperiale,
aïant deux ancres derriere.
Le Heros est representé couché armé sur son Tombeau,
aïant une piece de canon
pour chevet, & tenant un
bâton de Commandement.
Son casque & ses armes paroissent derriere, soûtenuës
de plusieurs pavillons & ban-
nieres ; le tout en marbre,
d'un travail fort exquis. On
lit sur le pied destal une inscription Flamande, dont
voici la traduction.

*Ci gît un Heros qui fut la
main droite de la Patrie, qui
par sa valeur fit trembler la
Flote ennemie, & ouvrit le
Detroit du Sund. Son corps
gît dans ce Tombeau.*

Le dernier Monument dont je parlerai dans ce Chapitre, est celui qu'on a érigé à l'honneur de noble Jean de Leifde, Chevalier, Vice-Amiral de Hollande, qui fut tué d'un coup de canon dans le combat naval qui se donna dans la Manche le vingt-un Aouft mil six cent soixante-treize, entre la Flote Hollandoife & celles des Rois de France & d'Angleterre. Ce Monument eft auffi dans la grande Eglife de Rotterdam. La Renommée y eft reprefentée, publiant la valeur du Heros; & au-deffus on voit les armes de l'Amiral, avec une infcription qui marque fa qualité, & la maniere dont il a fini fes jours. On lit auffi quelques Vers

Flamans faits à son honneur,
qu'on a traduits en nôtre
Langue de cette maniere.

L'honneur de nôtre Meuse &
des superbes rives
Que de ses Ondes fugitives
Arrose ce fleuve fameux,
Liefde qui fut toûjours si
grand, si valleureux
Dans huit guerres consecuti-
ves,
Est couché dans ce Tombeau
creux.
Cet illustre Vainqueur que le
Dieu de la guerre
Sembloit avoir formé seul de
ses propres mains,
N'est aujourd'hui qu'un peu
de terre;
C'est le fort de tous les hu-
mains:
La Tamise, l'Ebre, la Seine,

L'Elbe & le Tage dont
    l'aréne
Enrichit de son or les Peuples
    d'alentour,
Ont fremi sous son nom, &
    senti tour à tour
    Que ce Heros enchaînoit la
      Victoire;
Et que plein d'une fiere &
    d'une noble ardeur,
    Lors qu'il trouvoit quelque
      obstacle à sa gloire,
Il semoit sous ses pas le car-
    nage & l'horreur.
A la mort du Guerrier que le
    Batave pleure,
    Sa renommée entre en fu-
      reur;
Et renversant la triste & l'af-
    freuse demeure
Qui lui deroboit ce Vain-
    queur,
Elle va par toute la Terre

D'une voix de tonnerre
Publier ses exploits, & chan-
ter sa valeur :
Son nom qui fit trembler juſ-
que dans leurs Provinces,
Des Rois qui tout d'un coup
il eût pû terraſſer,
Fait encore trembler ces
Princes
Dés qu'on vient à le pro-
noncer.
Du sang de ce Heros enfin la
Mer fut teinte ;
Mais sa vertu n'eſt point
éteinte.
Si son corps fut sujet à la Loi
du trépas,
Ses vertus ne le furent pas.

CHAPITRE XI.

Des autres principales Villes de Hollande.

JE commencerai par la Ville de Leiden la plus propre de toute l'Europe. Ptolomée la nomme *Lugdunum Batavorum.* Quelques-uns ont crû qu'elle tiroit son nom des Dunes ou monta-gnes de sable voisines. D'au-tres rapportent son origine à une Legion Romaine qui y faisoit son sejour, qui la fit appeller *Legia*, & peu à peu *Leida.* On croit qu'elle fût bâtie par un Seigneur An-glois l'an quatre cent cin-

quante. Quoiqu'il en soit,
cette Ville est une des plus
anciennes de la Province :
elle est située sur le vieux
Rhin, qui se va jetter dans la
Mer à une lieuë au-dessous
de Leiden, ou pour mieux
dire se va perdre dans les
sables du rivage de l'Ocean.
Elle fut agrandie vers le Midi en mil trois cent quatre-
vingt-neuf. Le canal qu'on
nomme le *Steenschur*, qui est
aujourd'hui rempli de tres-
belles maisons, en faisoit autrefois le fossé. Elle fut
ensuite considerablement a-
grandie du côté du Cou-
chant ; car la porte Bleuë
proche le marché aux bêtes,
étoit la porte de la Ville :
On l'appelle encore aujour-
d'hui la porte aux *Dutes* ou

Deniers, à cause qu'elle fut
bâtie de l'impôt qu'on mit
d'un denier ſur chaque tonne
de Tourbes : mais ſon plus
grand agrandiſſement s'eſt
fait depuis environ vingt-
cinq ans, aïant été augmen-
tée de prés de la moitié du
côté du Nort.

Cette Ville eſt recomman-
dable par ſes belles Manufa-
ctutes, par ſa celebre Univerſité, & par le fameux ſiege que les Eſpagnols y mirent inutilement dans le dernier ſiecle. C'eſt-là où l'on
fait les plus beaux draps &
les beaux camelots qui viennent de Hollande. Il y a
des Marchands qui ſeuls em-
ploïent quatre cent hommes
à leurs fabriques.

Meſſieurs les Etats y fon-

derent une Université en mil
cinq cent soixante - quinze,
qui s'est renduë si fameuse
dans toutes les Facultez ,
qu'on y voit ordinairement
trois à quatre cent Ecoliers,
& quelque fois davantage.
Les Allemans, les Polonois,
Danois , Suedois , Anglois,
Ecossois & François, font la
plus grande partie de cette
jeunesse , parmi lesquels on
voit souvent des Princes ,
des Marquis, des Comtes &
des Barons. Elle est toûjours
pourvûë des plus sçavans
Professeurs de l'Europe.
Messieurs Scaliger , Saumai-
se, Heinsius, Grotius & plusieurs autres y ont fort brillé.
C'est dans cette Université où
l'on voit cette celebre Imprimerie d'Elzevier. Sa Biblio-

theque eſt remplie de tres-
beaux Livres, & des Manuſ-
crits tres-rares & tres-an-
ciens, en toute ſorte de Lan-
gues. Son Jardin de Mede-
cine donnera du plaiſir à
ceux qui l'iront viſiter, &
ſatisfera amplement la curioſité de ceux qui ont quelque
connoiſſance des ſimples.
On verra dans une grande
ſalle quantité de Momies &
d'autres curioſitez qu'on a
apportées des Indes : Comme auſſi pluſieurs enfans de
deux, trois & quatre mois ;
des oiſeaux, des ſerpens, &c.
qu'on voit dans des phioles.
À l'autre côté du canal il y
a l'Anatomie, que les Etrangers ne manquent pas d'aller voir. On y voit des Sque-
lettes de toutes les manieres :

entr'autres l'on y voit une vache anatomisée & un homme dessus, qui avoit eu commerce avec elle. On y montre la table de ce Tailleur nommé Jean de Leide, qui se fit Roi des Anabaptistes, & causa les desordres à Munster dont l'Histoire fait mention. Cet imposteur étoit né en cette Ville.

Les Etrangers vont ensuite voir le Burg, qui est un Château fort ancien, qu'on pretend avoir été bâti par les Romains ou Saxons. Il n'a plus aucunes marques d'ancienneté, qu'une montagne ronde d'environ cent cinquante pas. On y monte par un degré bordé d'arbres fruitiers. Le sommet de cette montagne est fermé d'une

muraille de brique qui ne
paroît point ancienne, où
l'on voit un puits fort pro-
fond. On a planté un laby-
rinthe dans cet enclos depuis quelques années, qui
rend cet endroit fort agreable; dautant plus que de cette hauteur on découvre toute la Ville & le beau païsage
d'alentour.

L'an onze cent vingt-un
la grande Eglise, qui est un
des plus beaux vaisseaux de
la Hollande, fut consacrée à
saint Pierre, dont elle porte
encore le nom. Proche de
cette Eglise il y avoit une
tour dont on voit encore les
fondemens, qui servoit de
fanal aux Vaisseaux qui passoient devant Catwith; mais
elle tomba en mil cinq cent

neuf. L'Eglise dediée à saint
Pancrace, qu'on appelle aujourd'hui *Hollanf-kerck* ou
Temple de Hollande, fut be-
nite l'année mil trois cent
quarante-quatre, où l'Evêque
d'Utrecht inſtitua un College de Chanoines. Elle fut
ſuperbement commencée, les
fondemens aïant été jettez
juſques au vieux Rhin, mais
elle eſt demeurée imparfait.
Celle de Nôtre-Dame, qui
ſert preſentement de Temple
aux François, & où le grand
Scaliger eſt enterré, fut ache-
vée en mil trois cent ſoixante-dix.

L'Hôtel de Ville, qui eſt
ſitué au milieu de la grande
ruë, eſt un bâtiment ancien,
& qu'on a rendu commode
pour les Magiſtrats, & pour
contenir

contenir tous les Colleges
qui y ont leurs Seances. On
voit dans la Chambre des
Consuls un tableau de Luc
de Leiden, qui represente le
dernier Jugement, que tous
les connoisseurs estiment
beaucoup. On a gravé sur
du marbre au devant de cet
Hôtel, quelques inscriptions
Flamandes au sujet du siege
que les Espagnols mirent devant cette Place l'an mil cinq
cent soixante-quatorze. Ce
qui paroît d'assez ingenieux,
c'est que les lettres numera-
les marquent l'année du siege, & qu'il y a precisément
autant de lettres que de jours
que dura le siege ; sçavoir
cent trente-deux : car les
Espagnols avoient pretendu
la prendre par famine. Eu

Tome V. Y

effet, les Habitans y souffrirent des miseres déplora-
bles : Il en mourut beaucoup
de faim ; & comme ils ne
trouvoient plus de chevaux,
de chiens ni de chats pour
se sustenter, un troupe s'en
alla un jour chez le Boug-
mestre *Pierre Adrien de Verf*,
pour le porter à rendre la
Ville, ne pouvant voir mourir le reste de leurs familles
faute de nourriture. Ce
bon vieillard leur represen-
ta l'honneur de la Patrie ;
qu'il y avoit lieu de croire
que le secours qu'ils atten-
doient arriveroit bien-tôt ;
& comme il vit que cela ne
les contentoit pas, il décou-
vrit sa poitrine en leur disant : *Mes Compatriotes, il
m'est égal de mourir de vos*

mains ou de celles des ennemis;
je voudrois avoir des vivres à
vous donner; mais en attendant prenez ce misérable corps,
& partagez-le à vos femmes
& à vos enfans. Ils furent
confus du procedé de leur
Consul, & s'en retournerent
resolus de périr tous pour la
Patrie, en suivant l'exemple
de leur Chef. Mais Dieu les
délivra de cette calamité
peu de tems aprés; car on
perça les Digues de la Meuse & de Lissel, qui inonde-
rent tout le Païs, & oblige-
rent les Espagnols de se reti-
rer dans la nuit; mais ce ne
fut pas sans laisser dans les
eaux plusieurs des leurs. Le
lendemain, qui étoit le trois
Octobre mil cinq cent soixante-quatorze, il entra à
Y ij

la pointe du jour plusieurs
bateaux chargez de vivres
qui venoient de Zelande,
dont les matelots achevoient
d'assommer les Espagnols
qu'ils trouvoient à demi-
morts en chemin. Il y en
eut un qui poussa sa haine
jusques à arracher le cœur
d'un de ces miserables soldats, qu'il porta à la bouche
pour le manger, mais dont
l'ameurtume le lui fit jetter
aux chiens. Ce fut à cette
occasion qu'on fit les Vers
suivans.

L'Espagnol assiege nos Vil-
les ;
Mais ses efforts son inutiles :
Pendant qu'il nous entoure &
nous fait mille maux,
Il est assiegé par les eaux.

Cessons nos cris, finissons nos
        alarmes,
L'Ocean nous fournit des ar-
        mes ;
Ce fier element en couroux,
Combat & triomphe pour
        nous.
N'est vrai que nos prez & nos
        campagne vertes,
Depuis que l'Ocean arme pour
        nous ses flots,
Ne produisent plus rien. Nous
        sommes sans troupeaux ;
Mais ce sont de legeres per-
        tes :
Dix mille Espagnols submer-
        gez
Nous dédommagerons de ces
        biens perissables,
Et des maux où nous a plon-
        gé
La fureur de ces miserables.
De leur barbare chair aujour-

d'hui nous pourrions

Repaître nos enfans preſſez de
    la famine ;
Et peut être nous le ferions :
Mais puiſqu'un matelot que
    la haine domine,
Puiſqu'un matelot en fureur
Ne peut trouver nul goût à ſe
    nourrir du cœur
Qu'il arrache de la poi-
    trine
D'un de ces ennemis ſuperbes
    & puiſſans,
Quel goût y trouveroient de
    tendres innocens !
Ce n'eſt qu'aux chiens que cette
    chair impure
Peut ſervir de nourriture.
Helas ! quand nous penſons aux
    maux que nous a faits
Et que nous fait encore à tout
    momens l'Eſpagne :
Quand nous voïons nôtre
    campagne

Qui n'eſt aujourd'hui qu'un
  marais,
Nous craignons encore la
  rage
De ces ennemis irritez.
Nôtre Chef, nos ſoldats errent
  de tous côtez :
Cependant ce n'eſt rien, voici
  finir l'orage.
Fiers ennemis retirez-vous,
Fuiez de ces climats ; le peril
  eſt extrême ;
La Mer nous a vangez, elle
  combat pour nous ;
Ou plûtôt Dieu combat lui-
  même.

Les Habitans de cette Ville
firent graver ces Vers ſur le
Pont de Vlier en mil cinq
cent ſoixante-dix-ſept, en
memoire de ce que ce fût
par ce Pont qu'ils reçûrent

les premieres proviſions. a-
prés la levée du ſiege.

*Tout nous manquoit durant ce
Siege horrible :
La famine affreuſe & terri-
ble
Nous avoit reduits aux
abois ;
Femmes, enfans, vieillards,
tous crioient à la fois,
Quand Dieu, qui de ſon Ciel
écoute les prieres
Que ſes enfans lui font,
Iatta les yeux ſur nos miſe-
res,
Es nous envoïa par ce Pont
Toutes les choſes neceſſaires.*

On a propoſé pluſieurs fois
d'ouvrir le canal du vieux
Rhin, que les ſables de la
Mer ont bouché prés de
Catwith ,

Catwith, pour y faire un
Port, qui rendroit Leiden
une Place Maritime, & y
feroit fleurir le Commerce :
Les Villes de Harlem, de
Delft, de Tergou & plu-
fieurs autres y donnoient les
mains ; mais celle d'Amfterdam apprehendant avec rai-
fon que cela ne diminuât
confiderablement fon trafic,
s'y eft toûjours oppofée, &
a empêché l'effet de ce def-
fein.

Pendant les grandes cha-
leurs, les eaux qui remplif-
fent les canaux de la Ville,
étant dormantes, rendoient
autrefois une puanteur infu-
portable, qui caufoit fouvent des maladies contagieu-
fes, principalement depuis
que l'on a mis à fec le Lac

de *Soetremer* qui raffraîchissoit la Ville : Mais par l'industrise des Habitans, on a (depuis quelques années) fait deux canaux assez larges, par lesquels, à la faveur de deux moulins à vent qui sont au Midi de la Ville, on en tire toutes les eaux puantes; & par deux autres moulins qui sont au Septentrion de la Ville, on y fait venir de l'eau fraîche qu'on tire du Lac de Harlem.

Les païsans Hollandois, lors qu'ils ont quelque dispute ensemble, la vuident à coups de coûteaux. Cette maniere de se battre a même été long-tems autorisée parmi eux. On voïoit souvent dans les Foires des gens qui défioient les plus braves.

Ils pendoient un coûteau à un
arbre ou à un pieu ; & celui
qui le prenoit ou qui le tou-
choit feulement du bout du
doigt, étoit engagé au combat. Ils tenoient le chapeau à
la main gauche pour parer
le coup ; & avec le coûteau
qu'ils tenoient de l'autre, ils
tâchoient de fe couper le
nez ou le vifage par un revers de main ; car ils ne fe
pointoient point : c'eft pour-
quoi on en voit encore aujourd'hui un bon nombre qui
ont le vifage plein de cica-
trices. La débauche de l'eau-
de-vie ou de la forte bierre,
caufe la plûpart de ces querelles, fur tout parmi ceux
qui s'enyvrent d'une certaine biere dans laquelle on
mêle de l'urine d'homme

gardée quinze jours ou trois
semaines, qui les rend comme enragez pendant quel-
ques heures.

J'ai remarqué que la Hol-
lande n'a pas une fort grande étenduë, & qu'elle est extrêmement peuplée ; c'est ce
qui rend le terrain si cher :
car l'arpent de prairie y vaut
treize à quatorze cent livres ;
celui de la terre labourable
y vaut beaucoup plus, se
vendant ordinairement deux
mille livres & au-de là ; mais
les terres propres aux jardi-
nages s'y vendent mille écus
l'arpent.

On voïage en Hollande a-
vec une extrême facilité, par
le moïen des bateaux cou-
verts tirez par des chevaux,
qui font d'une propreté en-

chantée. Ils contiennent environ cinquante perſonnes,
& partent toutes les heures
pour chaque Ville de Hol-
lande; & les choſes font or-
données de maniere, qu'on
ſçait poſitivement le mo-
ment de l'arrivée de la Barque. A vôtre arrivée, ſi vous
voulez aller plus avant, vous
trouvez d'autres Barques toutes prêtes. Vous y êtes fort
en ſûreté, ſoit pour l'honneur, ſoit pour la bourſe.
Aux Portes des Villes où ſe
tiennent les Barques, il y a
une orloge; & l'heure n'eſt
pas plûtôt ſonnée, que le
Commiſſaire ordonné pour
l'exactitude de ces voitures,
par le ſon d'une clochette
qu'il a au-deſſus de ſon bu-
reau, avertit le batelier de

démarer sans attendre personne, quand même il n'y auroit qu'une personne dans la Barque ; & s'il y en a seulement deux au-delà de ce qu'elle peut contenir, on en fait partir une seconde, sans augmentation de frais. On sçait ce que chacun doit païer par tête, à proportion de la distance des Villes. Les premiers venus occupent les premieres places, sans distinction d'âge, de sexe ni de qualité. Les enfans jusques à l'âge de dix ans ne païent point de place, quoiqu'ils occupent tres-souvent les meilleures. Les bateliers de Leide à Amsterdam font bourse commune, ceux de Leide à Harlem de même, & ainsi des autres routes :

De sorte que celui qui ne
méne que deux ou trois
personnes, gagne tout au-
tant que celui dont la Barque est pleine.

Z iiij

Delft.

Delft.

LA Ville de Delft est si-
tuée dans une plaine
entre Rotterdam , Leide &
la Haïe. Son nom lui est
donné du canal *Delft* , qui
se mêle avec la Meuse entre
Rotterdam & Schiedam. On
dit que Godefroi le Bossu
Duc de Lorraine, qui avoit
conquis la Hollande, en est
le Fondateur. Albert de Ba-
viere l'aïant assiegée, s'en
rendit le maître, la déman-
tela & ruïna son Château, en
punition de ce qu'elle avoit
resisté sept semaines à ses armes , & les Habitans fu-
rent rançonnez d'une som-

ne de dix mille écus.

Cette Ville fut reduite en
cendres en mil cinq cent
trente-six ; & l'on remarque
qu'une cigogne qui avoit ni-
ché fur une cheminée, ne
pouvant fauver fes petits, fe
precipita avec eux dans les
flâmes. Ce fut dans cette
Ville où Guillaume Prince
d'Orange , fut affaffiné en
mil cinq cent quatre-vingt-
quatre, de la maniere dont
je l'ai remarqué dans le Chapitre IV. de ce Volume. En
mil fix cent cinquante-qua-
tre le feu s'étant mis au ma-
gafin des poudres, qui étoit
pour lors dans la Ville, l'en-
dommagea beaucoup ; de
même que le grand Arfenal,
où il y a toûjours dequoi armer au moins douze mille

hommes. Du depuis les poudres sont hors la Ville.

L'Hôtel de Ville est un
tres-beau bâtiment, où les
Architectes & les Peintres
trouvent des chefs-d'œuvres
de leur Art. Au frontispice
de cet édifice on lit cette
inscription :

Cette Maison haït, aime,
punit, conserve & honore,
La méchanceté, la paix,
les crimes, le droit, les bons.

L'Eglise neuve est considerable par sa beauté, par sa
grandeur, par sa grosse tour
où il y a plus de huit cent
cloches de toutes grandeurs,
qui font un carillon des plus
beaux de l'Europe, par le
moïen des roues & des ma-

chines, qui les font toutes
agir avec tant de justesse,
qu'on ne peut ouïr le commencement des Hymnes qu'
elles sonnent à toutes les heures, sans donner une attention charmante jusques à la
fin. C'est dans cette Eglise
où sont les Mausolées des
Princes d'Orange, dont le
plus beau est celui du Prince Guillaume dont j'ai déja
fait la description.

On y voit aussi le Tombeau
de l'Amiral Pierre Hein,
que les Etats Géneraux firent ériger à sa memoire.
Le piedestal est de marbre
noir. On voit en haut les armes de l'Amiral, & aux
deux côtez un globe, qui
marquent la connoissance
qu'il avoit de la Sphere, de

la Geographie & de l'Astro‑
nomie. La Statuë du Heros,
qui est de marbre blanc, est
couchée sur son Tombeau,
aïant le bras gauche appuïé
sur son casque. Au milieu du
piedestal on a gravé en
lettres d'or sur une pierre
de touche, les plus glorieu‑
ses actions de cet Amiral.
Par cette Epitaphe on ap‑
prend qu'il nâquit dans le
Port de Delft, & par con‑
sequent d'une extraction as‑
sez basse ; qu'il s'éleva au
dessus de sa naissance par sa
grandeur d'ame, & par une
infinité de glorieuses actions.
Qu'en mil six cent vingt‑
quatre, étant revêtu de la
Charge de Vice‑Amiral, il
prit la Ville de Saint‑Salva‑
dor sur les Portugais : Qu'en

mil six cent vingt-sept il ba-
tit la Flote ennemie, & me-
na dans l'Isle de la Marée
les Vaisseaux qu'il leur prit :
Qu'en mil six cent vingt-
huit il prit sur les Espagnols,
proche l'Isle de Cuba, une
Flote de vingt Vaisseaux
chargez d'or, d'argent &
d'autres richesses des Indes.
Qu'aïant été fait grand Amiral, il alla attaquer les ennemis de l'Etat, devant Te-
rouane, où il fut tué d'un
coup de canon.

Il fut intrepide sans être te-
  meraire,
Il fut magnanime sans faste,
Il fut severe observateur de
  la discipline Maritime ;
Il se rendit autant capable
  de commander,

PROV.
UNIES.

Qu'il avoit été docile à
obéïr.

On y verra encore le Tombeau de l'Amiral Tromp, dont le seul nom renferme une infinité d'éloges. Il fut tué dans un combat contre les Anglois, le dix Août mil six cent cinquante-trois, âgé de cinquante-six ans. Le corps de ce Heros repose armé sur un piedestal ; le tout de marbre ou de pierre de touche. Il est couché sur un gouvernail, & sa tête repose sur une piece de canon. Il a son casque à ses pieds. Deux enfans tiennent les Armès des Etats Generaux & celles de Hollande ; & un troisiéme presente une couronne marine. Aux deux côtez il y a plusieurs armes des Romains, & au plus haut celles de l'Amiral en marbre blanc, qui lui furent données comme des marques d'honneur & de nobleſſe, par le Roi Louis XIII. en mil ſix cent trente-neuf, aprés que cet Amiral eut défait la Flote d'Eſpagne entre Douvre & Calais.

Monſieur Tromp ſon fils, qui avoit ſuccedé à ſa Charge d'Amiral, & qui s'étoit acquis un merite tout-à-fait grand, mourut à Amſterdam au mois de Mai mil ſix cent quatre-vingt-dix. Son corps fut porté à Delft avec beaucoup de pompe ; mais je n'ai pas appris qu'on ait encore fait ſon Mauſolée.

Harlem.

Harlem.
HARLEM est une tres-belle, grande & riche Ville, située sur la Riviere de Sparen, distante de trois lieuës d'Amsterdam, & quatre de Leiden. L'histoire fabuleuse veut qu'un certain *Lem* fils d'un Roi Frison, ait été son Fondateur. D'autres donnent cette gloire aux Normans, dans le neufiéme siecle. Elle souffrit beaucoup par les incendies qui y arriverent en mil trois cent quarante-sept & mil trois cent cinquante-un.

Cette Ville est recommandable par la fabrique de ses
étoffes

étoffes de soïe, & de ces belles toiles de Hollande ſi re-
nommées dans toute l'Europe : Elle l'eſt encore par l'in-
vention de l'Imprimerie , &
par l'expedition que ſes Habitans firent devant Damiete.

En mil deux cent quaran-
te-cinq il fut reſolu dans le
Concile de Lyon, que les
Princes Chrêtiens uniroient
leurs forces pour le recouvre-
ment de la Terre-Sainte ſur
les Infideles. Le Roi ſaint
Louis entreprit ce Voiage
avec Guillaume II. Comte
de Hollande, qui fut élû
Roi des Romains en mil
deux cent quarante-huit , &
avec pluſieurs autres Princes
Chrêtiens. Leur Armée étant
arrivée devant Damiete en
Egypte , on trouva le Port

fermé d'une grosse chaîne de
fer qu'on avoit tenduë à fleur
d'eau, & que par ce moïen
on ne pouvoit pas faire le
siege de cette Ville : Mais les
Habitans de Harlem qui se
trouverent dans cette Armée,
attacherent de grosses sies
sous leurs Vaisseaux, avec lesquelles il rompirent la chaîne, & faciliterent la conquête de Damiete. Depuis
ce tems-là Harlem a eu pour
Armes, une épée entre quatre étoiles, & une croix à la
pointe, avec cette devise, *La
Vertu surmonte la Force.*

La noble Science d'impri-
mer, cette conservatrice de
tous les Arts liberaux, n'est
connuë en Europe que de-
puis l'année mille quatre
cent vingt qu'elle fut inven-

tée à Harlem. Je sçay qu'elle
fleurissoit long-tems auparavant parmi les Chinois ; mais
la connoissance n'en étoit
pas encore venuë en Europe.
Je sçay aussi que Mayence se
vante d'avoir la premiere
trouvé ce secret ; mais Harlem le lui dispute, sans lui ra-
vir pourtant la gloire de la
politesse de cet Art, & de
l'avoir communiqué à plu-
sieurs autres Villes.

Laurent Coster Bourgeois
de Harlem, étoit un homme
fort mélancholique : il alloit
souvent rêver dans le bois
qui est proche de la Ville ;
& comme il avoit naturellement de l'esprit & du genie,
il s'imagina que si l'on pouvoit trouver un moïen pour
écrire des mots ou des phra-

ses tout à la fois sans se servir de la plume, que ce seroit une chose fort avanta-
geuse au Public. Dans cette
vûë il essaïa de faire plusieurs caracteres de bois avec
son coûteau. Aprés en avoir
tracé quelques-uns, il les
noircit, les appliqua sur le
papier; & comme il vit que
son dessein avoit quelque ap-
parence de réussir, il s'y appliqua avec tant de soin, qu'
en peu de tems il fut en état
d'emploïer des gens pour
faire rouler une Presse. Parmi ceux dont il s'étoit servi,
un Alleman nommé Jean
Fauste, voïant que tous les
caracteres de son Maître é-
toient prês, les lui déroba
en mil quatre cent vingt; &
les aïant portez à Mayence,

Il n'eut pas de peine à persuader au Magistrat qu'il étoit
l'inventeur de ces machines,
& d'en obtenir la protection
& des Privileges.

En mil cinq cent cinquan-
te-neuf le Pape Paul IV. à
la priere de Philippe II. érigea cette Ville en Evêché,
l'unique de la Province, &
en pourvût Nicolas Nieu-
lant, à qui Godefroi Mier-
loo Religieux Dominicain
succeda, qui fut le second
& dernier Evêque ; car en
mil cinq cent soixante-douze les Calvinistes l'en chasse-
rent. Peu de tems aprés les
Espagnols y mirent le siege
sous les ordres de Frederic
fils du Duc d'Albe, qui dura
huit mois, pendant lesquels
les assiegez & les assiegeans

souffrirent beaucoup. Les
premiers refuserent de se rendre aux conditions que ceux-
ci leur offrirent; & pour faire voir le mépris qu'ils faisoient d'eux, ils jetterent par-
dessus leurs murailles les Images, & tous les Ornemens
des Eglises dont ils ne pou-
voient tirer du profit; & en-
voïerent aux Espagnols les
têtes de la dixiéme partie
des prisonniers qu'ils firent
sur eux, en dérision du dixiéme denier que le Roi
d'Espagne avoit voulu lever
sur ses Sujets du Païs-Bas.
Mais ils païerent cherement
cette cruauté; car aïant été
enfin obligez de se rendre à
discretion, aprés avoir perdu par le fer ou par la famine les deux tiers de leurs

Habitans, le reſte fut preſque tout paſſé au fil de l'é-
pée. Ceux qu'on prenoit en
ſe ſauvant, étoient attachez
deux enſemble dos à dos, &
jettez dans la Riviere.

Proche de cette Ville il y
a un Lac d'eau douce, qu'on
nomme en la Langue du Païs
Harlememer. On a mis en
déliberation pluſieurs fois de
le ſaigner ; mais la Ville de
Leiden s'y eſt toûjours op-
poſée, parce qu'elle en tire
l'eau qui raffraîchit ſes canaux, qui ſans ce ſecours in-
fecteroient l'air pendant les
grandes chaleurs.

Le voiſinage du **Water-**
land ou païs d'eau, où la
terre tremble par tout, les
prairies ne reſſemblant qu'à
des gazons flotans, fait que

le territoire de Harlem eſt fort marécageux, & par ainſi le pâturage moindre que celui des environs de Leiden, de Delft & de la Haïe. Guicciardin dit dans un de ſes Ouvrages, qu'une vache paiſſant dans la prairie proche de Harlem, tomba dans un foſſé, & trois jours aprés on la trouva dans le Lac, à demi lieuë de l'endroit où elle s'étoit perduë, ſans que ce foſſé eût aucune communication apparente avec les eaux du Lac.

Goude.

Goude.

G OUDE ou Tergou eſt ſituée ſur la Riviere de l'Iſſel, dans laquelle ſe jette le ruiſſeau de *Gou*, dont cette Ville tire ſon nom. On dit que Florant V. Comte de Hollande la fit bâtir en mil deux cent ſoixante-douze ; qu'elle a eu long-tems des Seigneurs particuliers de la Maiſon de Blois, & qu'elle ne rentra ſous la domination des Comtes de Hollande qu'en mil trois cent quatre-vingt-dix-huit. En mil quatre cent vingt elle fut toute reduite en cendres.

Cette Ville eſt conſidera-

ble , parce qu'elle est la
maîtresse de l'écluse de l'If-
sel, avec laquelle on peut
inonder sept à huit lieuës de
païs. Les Magistrats, par ordre des Etats Generaux, la
firent ouvrir lors que les Armées de France penetrerent
dans la Province en mil six
cent soixante-douze : Mais les
païsans de la campagne qui
se virent par ce moïen entierement ruïnez , allerent
à Tergou à main armée, en-
foncerent une des portes de
la Ville, allerent assieger les
Magistrats qui s'étoient enfermez dans l'Hôtel de Ville, & les forcerent de re-
fermer les écluses ; mais ce
ne fut qu'aprés que cette
canaille eut pillé la maison
du Bourgmestre Sincx , me-

maſſant d'en faire de même
chez les autres Magiſtrats.

Les Voïageurs qui paſſent
à Goude, vont voir l'Hôtel
de Ville qui eſt aſſez beau,
& la grande Egliſe, qui éga-
le en beauté toutes celles de
la Province, & dont les vitres ſont artiſtement émail-
lées.

Dort ou Dordrecht.

JE finis par la plus ancienne Ville de la Hollande,
au moins celle qui tient le
premier rang dans l'Assemblée des Etats de la Province ; car je ne parlerai point
des autres petites Villes, qui
n'ont rien de confiderable,
qui ne fe trouve en plus
grande abondance dans celles que nous avons déja
vûës.

Dort eft une des plus
agreables Villes de la Province, & la mieux fituée
pour le Commerce. Elle eft
baignée des eaux du Rhin
qu'on appelle ici Wahal,

& de celles de la Meuſe, de
la Meruë & de Linghe, qui
en forment une Iſle, depuis
que par une grande inondation elle fut ſeparée de la
terre en mil quatre cent
vingt-un, que les digues
aïant crevé, la Mer englou-
tit ſoixante-douze Villages,
quantité de Châteaux, &
fit perir plus de cent mille
ames. On voit encore lors
de la baſſe marée, des ve-
ſtiges de ces Villages. La navigation dans cet endroit,
eſt fort à craindre pendant
la tempête.

Cette Ville eſt celebre
parce que les Comtes de
Hollande, avant d'être re-
çûs, y alloient prêter le ſer-
ment de fidelité aux Etats,
parce qu'elle a toûjours eu la

premiere place à l'Assemblée
de la Province ; parce qu'elle
avoit seule la liberté de faire
battre monnoïe d'or & d'argent ; par le Sinode Natio-
nal que les Protestans y as-
semblerent en mil six cent
dix-huit , pour decider les
Contreverses survenuës entr'eux au sujet de la predesti-
nation ; & enfin, parce que
ce fut les Habitans de Dort
qui en mil six cent soixante-
douze , se revolterent les premiers contre les Magistrats,
pour les obliger de revoquer
l'Edit perpetuel, & à rece-
voir le Prince d'Orange
Gouverneur. Toutes les autres Villes suivirent cet
exemple ; ce qui, dans un
tems de guerre , faillit à cau-
ser la perte entiere de la Republique.

On pêche devant cette
Ville quantité de toute forte de poiſſons, & principalement du ſaumon. On re-
marque à ce ſujet qu'en mil
ſix cent vingt, en neuf mois
de tems on y en avoit pêché
huit mille neuf cent vingt-
un ; & qûe pendant un tres-
long-tems les Domeſtiques,
lors qu'ils venoient à ſe
loüer, ce n'étoit qu'à condition que leur maître ne
leur feroit manger du ſaumon que deux fois la ſemaine
au plus ; mais depuis ce tems-
là il n'y eſt pas ſi abondant.
J'ai appris ſur les lieux, que
cette abondance ne vint que
de ce que quelques Vaiſſeaux
chargez de tabac aïant fait
naufrage du côté du Nort,
l'amertume de cette herbe

chassa tous les saumons sur
les côtes d'Hollande, dont
une grande partie se jetta
dans la Meuse.

Les ruës y sont fort pro-
pres, & les maisons bien bâties, comme dans toutes les
autres Villes de la Province.
Il y a aussi de belles Eglises,
dont celle de Nôtre-Dame
est la plus accomplie, sur
laquelle il y a une tour dont
la hauteur la fait apperce-
voir de loin. Les bonnes gens
disent qu'une femme avoit
fait vœu de faire bâtir une
Eglise ; mais que n'aïant
pour tout biens que deux
écus dans sa bourse, elle eut
une vision qui lui dit de mettre la main à cette entreprise, & que cet argent suffisoit.
Que sur cela elle avoit em-

ploïé ſes deux écus à l'achat
de quelques materiaux ; que
d'abord il s'en étoit trouvé
deux autres dans ſa bourſe,
qui devint inépuiſable juſques à ce que ce grand édifice fut parachevé en l'état
qu'on le voit aujourd'hui.

Aprés que la Hollande eut
ſecoüé le joug d'Eſpagne,
on fit frapper une médaille
où cette Province eſt repre-
ſentée par une femme l'é-
pée à la main & le chapeau
ſur la tête, emblême de la
liberté : Elle eſt aſſiſe dans un
jardin entouré d'une ſimple
cloiſon d'oſier, avec ces mots
autour, *La Liberté de la Patrie.* Au revers on voit une
chevre qu'un louveteau veut
teter, & un païſan Hollandois qui à coups de bâton

chasse ce jeune loup, par lequel on veut représenter un
Espagnol, avec cette legen-
de, *Fuïez d'ici, teteur de
chevre.* Ce fut sur ce sujet
qu'on fit les Vers suivans, où
l'on introduit dans une espe-
ce de dialogue, l'Espagne &
la Hollande.

Quel est, Nymphe, cet équi-
    page ?
Et depuis quand ce person-
    nage ?
Disoit un Espagnol d'un air
    fier & hautain,
Lors qu'il vit la Hollande une
    épée à la main,
Assise, un chapeau sur la
    tête,
Dans un jardin qu'entouroit
    seulement
Une cloison d'osier, d'où fort
    tranquillement

Elle bravoit l'orage & la
tempête.

Je suis la Liberté, dit la Nymphe pour lors ;

Tu feras désormais d'inutiles
efforts

Pour m'arracher de cette
forteresse.

Fui-t-en chez-toi, race traî-
tresse,

Ton tein bazané me déplaît ;

Nos chevres, nos brebis dont
tu suçois le lait,

Ne te veulent plus reconnoî-
tre,

Le grand Pan revient pour
les paître.

CHAPITRE XII.

Contenant quelques remarques dignes de la curiosité du Lecteur.

IL n'y à point d'Etat en Europe où les Peuples soient si riches qu'en Hollande ; les païsans, principalement ceux de Frise , sont plus opulents que beaucoup de Gentilshommes ailleurs. Les femmes & les filles ont presque toutes des ceintures d'argent , des pendans d'oreilles & des bracelets d'or , & souvent leurs cheveux natez avec des semences de

perles d'Orient. Il n'eſt pas
ſurprenant de voir qu'un
païſan donne dix à douze
mille écus en mariage à ſa
fille ; & on en a vû même
qui ont eu juſques à *une tonne d'or*, la tonne d'or vaut
cent mille florins, & le florin vaut vingt-cinq ſols de
France : J'avouë qu'il y en a
peu de cette force ; mais en
general ils ſont tous fort à
leur aiſe.

Lors qu'on marie une fille,
c'eſt la coûtume que celles
qui ſont invitées preparent
une couronne de fleurs qu'on
met ſur la tête de l'épouſée ;
& le ſoir elles l'attachent au
chevet du lit nuptial, qui
eſt tout parſemé de verdure.
Elles ont un baſſin plein de
feuilles & de fleurs, qu'une

d'elles jette à poignée au
nez de l'époux & de l'é-
pouse lors qu'ils vont à l'E-
glise pour faire benir leur
mariage, les accompagnant
avec cette ceremonie jusques
au bout de la ruë. Et lors
qu'ils reviennent, cette fille
les va encore rencontrer à
vingt cinq ou trente pas de
la maison, pour leur faire le
même honneur ; car c'est à
cette ceremonie qu'on juge
si l'épouse est veuve ou fille,
pretendant que ces fleurs sont
l'emblême de la virginité.

Lors que quelqu'un vient
à mourir en Hollande, les
heritiers ou les parens le font
enterrer avec le plus de so-
lemnité qu'il est possible. On
invite au Convoi funebre
tous les parens, tous les amis

& tous les voisins du deffunt,
au moins les hommes, car
les femmes ne suivent point.
Tous ces gens se rendent au
logis où est le corps, à l'heure marquée, aïant tous des
habits & des manteaux noirs.
Comme l'on a eu soin de
faire un état de tous les invitez, un Prieur des morts,
lors que le corps est sorti,
les appellé tous, commen-
çant par les plus proches parens, ensuite par les personnes distinguées par quelque
Emploi public, aprés par les
amis, & enfin par les voisins & autres personnes, chacun marchant deux à deux
avec beaucoup de gravité.
Quand le corps est enterré,
on accompagne celui ou ceux
qui font l'honneur de l'En-

terrement, chez eux. Etant
arrivez proche de la maison,
on se range en haïe dans la
ruë où ils remercient la compagnie, par une profonde
reverence, de l'honneur qu'-
elle vient de leur faire, &
l'invite en même tems de
venir boire à la santé de ceux
qui sont restez. Alors chacun entre dans la maison ;
douze ou quinze personnes
vous versent perpetuelle-
ment à boire de grands ver-
res de vin ou de biere, selon
les richesses que le défunt à
laissées, ou selon que les parens veulent faire honneur à
sa memoire. On n'y mange
que quelques biscuits ou
pain-d'épices ; ce qui fait que
beaucoup de gens s'enyvrent,
de maniere que la plûpart

du

du tems on entend rire, chanter ou gronder dans l'endroit où quelques heures auparant on ne faifoit que pleurer. Ce n'eft pourtant que les gens du bas monde qui commettent de pareilles chofes ; car les perfonnes bien nées fortent immediatement aprés avoir falué d'un verre de vin ou deux, ceux qui font l'honneur de l'Enterrement.

Plus de dépenfe l'on fait pour un Enterrement , & plus d'honneur en reçoivent ceux qui en font les frais. Aux perfonnes diftinguées on fait peindre leurs armes dans un grand tableau qu'on fait porter au devant du corps, qu'on place dans l'Eglife au-deffus de fon tombeau , où il refte un an & quelquefois.

davantage ; on en met un semblable fur la maifon du deffunt, qui y refte l'année du deüil.

Il faut remarquer que l'on met des impôts ici jufques deffus les morts ; mais ils font pourtant comme volontaires ; car depuis midi jufques à deux heures, on peut faire enterrer fes morts fans qu'il en coûte d'autres droits que ceux de la fepulture. Ceux qui les enterrent à deux heures & demie, font obligez de payer cent fols d'amende, qui double toûjours à chaque heure. Par exemple, à trois heures l'amande eft de dix livres ; à quatre, de vingt ; à cinq, de quarante ; à fix, de quatre-vingt ; à fept, de cent foi-

xante ; à huit, de trois cent
vingt ; & à neuf, de six cent
quarante, qui est la plus forte ; parce qu'aprés cette heure-là, il n'est plus permis
d'enterrer. Ces amendes font
au profit des pauvres, & ne
font pas si considerables par
toutes les Villes , chacune
étant en droit de les mettre
sur tel pied qu'elles veulent.
La plûpart des personnes de
qualité & les gros Mar-
chands font vanité de païer
ces sortes d'amendes ; ce qui
fait qu'ils attendent les ex-
trémitez des heures prescri-
tes pour ces Enterremens. Il
faut encore remarquer qu'on
n'y enterre que trois, quatre
& cinq jours aprés que la
personne est decedée ; tant
afin de prevenir ce qui est

arrivé quelquefois ailleurs, qu'on a enterré des gens en vie, soit aussi pour avoir le tems de se preparer à cette pompe funebre. Et comme les chaleurs n'y sont pas ordinaires, & que d'ailleurs leurs maisons sont extrémement fraîches, on n'y est pas sujet aux inconveniens qui arriveroient infailliblement en France, en Espagne & en Italie, qui seroient de mettre la peste dans les Villes, si l'on y gardoit long-tems les cadavres.

Quoique les Loix, les Mœurs & les Coûtumes des Peuples voisins de la Hollande, du moins ceux qui habitent les Provinces de l'Union, soient quasi les mêmes que celles des Hollan-

dois, on peut pourtant remarquer que la Province de
Frise a des qualitez particulieres qui la distinguent. Ses
pâturages sont meilleurs qu'-
en nul endroit des Provinces-
Unies; c'est ce qui fait que
les chevaux y sont plus gros
& plus forts qu'ailleurs. Cette Province n'a pas besoin
du secours étranger pour lui
fournir du bled; au con-
traire elle en distribuë souvent à ses voisins, quoiqu'-
elle n'ait pas une grande étenduë de terres labourables:
mais le terroir est si bon,
qu'à communes années el-
les rendent cent pour un &
au-delà; car chaque grain
pousse deux & trois épis,
qui ont du moins quarante
à cinquante grains chacun;

& les tuyaux sont si épais,
que les chevaux ont de la
peine à y passer.

Les vaches y font ordinairement deux veaux d'une
ventrée, & les brebis trois
agneaux. Les moutons y sont
fort gros; leur laine est longue & extrêmement douce : :
ce qu'il y a d'admirable, c'est
qu'on les tond deux fois
l'année. On n'y voit point
d'ours, de loups ni de san-
gliers; mais seulement quelques cerfs, dains & chevreuils.
Les Rivieres & les Etangs
sont couverts de cignes,
d'oïes & de canards sauva-
ges. Il y a une infinité de
souris qui coupent le bled
entre deux terres; & des vers
de la grosseur des vers à soïe,
qu prennent des aîles quel-

que tems aprés être fortis PROV.
UNIES.
de terre, qui mangent le
bled en herbe ; mais il y a
des années où l'on n'en voit
pas un grand nombre.

Les Frifons ont toûjours
été grands & robuftes : Ti-
bere & Néron les eftimoient
les meilleurs foldats d'Allemagne. On prétend que
comme ils ne fe marient
qu'à l'âge de vingt - huit,
trente & trente - cinq ans,
leurs enfans naiffent beaucoup plus robuftes que ceux
des perfonnes qui fe marient
plus jeunes.

Les Gueldrois ou Peuples Nime-
gue.
de Gueldre ne font pas fi
guerriers que leurs ancêtres ;
mais ils font beaucoup plus
fuperbes. L'air de cette Province eft plus fain que celui

de Hollande, parce qu'il est moins marécageux. C'est dans cette Province qu'est située la Ville de Nimegue, où la Paix de mil six cent soixante-dix-huit fut signée entre la France & la plûpart des Puissance de l'Europe, avec lesquelles elle étoit en guerre.

Cette Ville a la premiere voix dans l'Assemblée des Etats de la Province, & jouit du privilege de battre monnoïe d'or & d'argent. Elle est la seule qui ne reconnoît point la Chancellerie de Gueldres pour l'appel des Sentences de leurs Magistrats. Ses causes sont évoquées à Aix-la-Chapelle, sans pourtant qu'elle reconnoisse l'Empire; à la reserve qu'elle

qu'elle est obligée à un
hommage annuel d'un gand,
plein de poivre, qu'elle envoïe à Aix par un Député
exprés. A propos d'Aix-la-
Chapelle, peu de gens ignorent que cette Ville a des
Bains chauds, où les personnes incommodées se rendent
de cinquante lieuës à la ronde pour être gueris; mais
chacun ne sçait pas de quelle
maniere ils furent décou-
verts.

Par les anciens Regiſtres
de cette Ville on apprend,
que Charlemagne étant à
la chaſſe, ſon cheval d'un
coup de pied ouvrit la terre, d'où il ſortit une groſſe
fumée; que la curioſité de
l'Empereur se trouvant par
là excitée, il fit creuſer dans

cet endroit, où d'abord on
trouva de l'eau tiede, &
qu'en aïant connu la pro-
prieté, il voulut honorer
cette source du voisinage
d'une Ville, aïant fait bâtir
Aix-la-Chapelle, où il fit
son séjour ordinaire, & or-
donna que les Empereurs ses
successeurs y seroient cou-
ronnez. Charlémagne ne fut
pourtant pas le Fondateur
d'Aix, mais plûtôt son res-
taurateur, puisque long-tems
auparavant elle avoit été déja détruite par Attila. Il est
certain que Charles la rétablit & l'orna d'un superbe
Palais, d'une magnifique
Eglise, & un mot la rendit
digne du séjour d'un si grand
Prince.

 La Province d'Utrecht est

de fort petite étendue ; l'air
y est assez sain, & le terroir
fertile, à cause qu'il est
beaucoup plus sec que celui
des Provinces voisines. Sa
Ville capitale porte le nom
de la Province. Elle est cé-
lebre par l'union qui s'y fit
en mil cinq cent soixante-
dix-neuf, dont j'ai parlé ci-
devant : Ce fut aussi autrefois le sejour de l'Evêque
d'Utrecht, dont la puissance étoit si considerable, que
ce Prince pouvoit mettre
sous les armes quarante mille
de ses Sujets ; mais en ce
tems-là le Païs d'Overissel
étoit mis avec celui d'U-
trecht. On y voit encore le
Palais Episcopal , son Eglise
Cathedrale , qui porte le
nom de saint Martin ; celles

de saint Pierre, de saint Jean
& de Nôtre-Dame qui sont
trés-bien bâties. Il y avoit
deux Commanderies, l'une
de Malthe, & l'autre des
Chevaliers Teutoniques, a-
vec plusieurs Abbaïes, dont
les Etats de la Province se
sont emparez des revenus
depuis le changement de
Religion.

FIN.

www.ingramcontent.com/pod-product-compliance
Ingram Content Group UK Ltd.
Pitfield, Milton Keynes, MK11 3LW, UK
UKHW021011140726
13695UKWH00001B/194